林晨曄

1991.3.30.

中壢市　聞名書局.

96元.

SUNNY BOOKS

米卦·金錢卦

淺顯易解的卜卦術

鄭景峯著

自序

白天在學校教英文，晚上在家幫顧客批命卜卦看相，只能用一些零碎的時間來執筆，記得剛寫下第一個字時，是兩年前的暑假，中間斷續地寫寫停停，兩年後的今天總算也完成了一個心願。

坊間專斷五術的書，大部分是山、醫、命、相這四類書，專論卜筮的書却很少，更甭提有新創見的卜書了。何也？怕是那些卜卦高手們都各自藏招，希望成爲獨門秘學，而不願意公開出來。怕別人學走了，自己便無法混飯吃了。這是中國人最錯誤的自私心理，難怪中國的一些珍貴的學問，有的失傳了，有的還要向日本，或者別的國家學回來。這張自誇爲泱泱文化大國的老臉皮，實在掛不住。

身爲一個知識份子，對於老祖宗的文化遺產，自認爲有一份薪傳後代的責任，所以義不容辭搖筆桿寫些白紙黑字。希望能將一些古書重新整理註釋，將一些糟粕錯誤去掉，新添一些實用的方法與理論。

易經是所有五術學問的母親，註釋它的人很多，能活用其價值的人却不多，主要是一些學者拘限於文字的理論，而不拿來用在實際的生活上。當然，比起文王卦（或稱爲六爻卦），易經的變化較爲簡單，不過，即使再簡單，也有實用的價値，不可忽視。

這是我的第一本卜卦著作，希望將來能將一些古代卜書，如「增删卜易」、「易林補遺」、「卜筮正宗」等書，加以標點校正，用白話解釋使其更通俗化，而流傳下去。

才淺學疏，匆匆成書，一些錯誤在所難免，希望各卜卦界前輩能點明指正，不勝感激。

一九八四年驚蟄　鄭景峰

識於鳳山大學士命相館

目錄

前言

易經是五術的範本。何謂五術？就是山、醫、命、相、卜，五術最古老的起源就是無極生太極，太極生兩儀，兩儀生四象，四象生八卦，八卦的乾、兌、離、震、巽、坎、艮、坤，再互相演繹出六十四卦。

卜卦又分手卦、米卦、金錢卦、字卦、孔明卦……等多種。

一　手卦

記得小時候，常看到小說上寫著：「某某道行高深的山人，心血來潮，屈指一算，便知道將發生何事……」。這「屈指一算」，實際上就是手卦。尤其是鬼谷子、孔明、劉伯溫……等預言大師，更是手卦中高手。

道家把手卦，稱做「屈指神算」，也就是手通。手卦也就是以手的十指，依離乾、巽艮、坤坎、兌震，排在食指、中指、無名指、小指上八個部位。

黃石公翻卦掌訣：「星卦相配成一家，八八變來無紊差，先變乾數掌中裁，上兌下震小指排，無名指安坤與坎，中指巽上艮低徊，上離下乾歸食指，一卦既定餘翻來。」

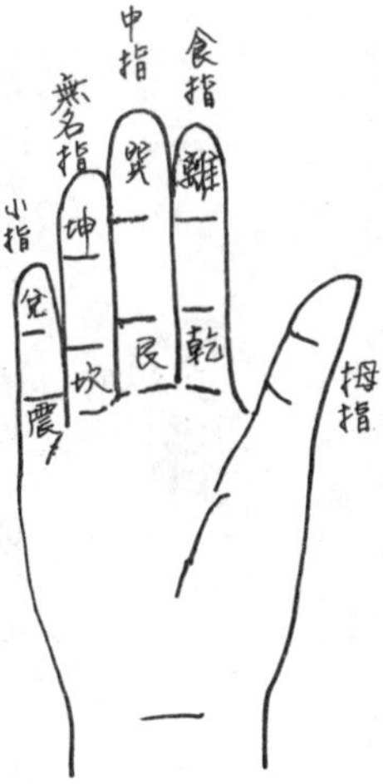

手掌上定了八卦位之後，如何預測出吉凶呢？

知道八卦的部位後，要時常背誦，反覆練習。而且最好自己有通神的能力。平日燒香拜神佛，參禪靜坐，經年累月一點一滴的神通力積蓄後，到了真正想用的時候，便能靈活運用，預測準確。

啓用手卦之前，先閉目養神，集中精神靈力，口中唸如下的請神文：「拜請八卦祖師爺、伏羲、文王、周公、孔子五大聖賢，王禪祖師、孔明先生、康節先生……歷代相命先師、裝卦童子、成卦童郎、一切過路神明，今弟子×××住××地，有某事未決，祈求降卦，好出青龍、壞出白虎：以斷吉凶。」

如果虔誠不夠，神靈不降，手卦的準確度就值得懷疑了。

如果靈動之後，要運靈於掌盤，而手掌之姆指，自動在其餘四指上先點到的便是上卦，後點到便是下卦。上下卦相乘，變成了八八六十四卦的形式。

如果姆指第一次點到的是中指第一關節的「巽」，第二次點到是小指第三關節的「震」，那麼「巽」當做上卦，「震」當做下卦。合起來得到的是風雷益卦，便可斷其吉凶了。

如果姆指第一次點到是食指第一關節上的「離」，第二次點到的是無名指第一關節的「坤」，合起來便得到。「離」爲上卦「坤爲下卦」的「火地晉」卦。如此類推。

一般而言，手卦是沒有變卦的。

二 米卦

何謂占米卦？

占米卦就是將一碗滿滿的生米（半粒米及碎米不算），放在神桌前，心先安靜下來，以求神通，口中唸請神文：「拜請八卦祖師爺、伏羲、文王、周公、孔子五大聖賢，王禪祖師、孔明先生、康節先生……歷代相命先師、裝卦童子、成卦童郎，一切過路神明，今弟子×××住××地，有某事未決，祈求降卦，好出青龍、壞出白虎，以斷吉凶。」

然後用食指、姆指去挾碗中的米粒，第一次如挾三粒，則算下卦爲離，（按照乾一、兌二、離三、震四、巽五、坎六、艮七、坤八）算，第二次如挾七粒，則上卦爲「艮」，下卦爲「離」，上卦爲「艮」，則所求之卦卽爲山火賁。

如果超過八粒，則減八計算，如挾到十粒，十減八等於二，算兌卦，夾到十一粒，十一減八算離卦……依此類推。

上下卦形成之後，第三次挾的便是變卦，挾到一粒，則初爻變，挾到兩粒則二爻變，挾到三粒則三爻變，…………挾到六粒則上爻變，若超過六粒則減六計算，如挾到八粒，則八減六等於二，算二爻變。

例一：如第一次挾五粒，第二次挾二粒，則成爲澤風大過卦。

上卦　下卦

澤風大過

如第三次挾一粒，則初爻陰變陽，成爲澤天夬卦。

☱
☰

例二：如第一次挾三粒，第二次挾四粒，第三次挾八粒，則本卦爲

☳ 上卦
☲ 下卦
雷火豐

第三次挾八粒，二爻變（因八減六剩二）成雷天大壯

䷡
雷天大壯

例三：如第一次挾二粒，第二次挾一粒，第三次挾四粒
則本卦爲

☰ 上卦
☱ 下卦
天澤履

第三次挾四粒，四爻變，變卦爲風澤中孚

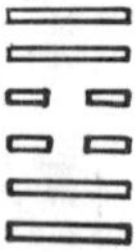

風澤中孚

三　金錢卦

手卦難學，米卦拘限於場合道具，最普通的卜卦方法還是金錢卦，只要身上有三個相同的銅板便可以了，不過如果要愼重其事的話，最好是隨身携帶三個古錢，就筆者而言，隨身帶有三個古錢而且用一塊紅布包起來，表示對卦神之尊重。設定有文字的一面爲陽，則另一面爲陰。

三個古錢卜出來有四種可能性：第一種是全是陽面，稱爲老陽。第二種全是陰面，稱爲老陰。第三種兩個陽一個陰，稱爲少陽。第四種兩個陰一個陽，稱爲少陰。老陽可以變成少陰，老陰可以變成少陽。

金錢卦只要擲六次便可成卦。第一次擲出來的便是初爻，第二次二爻，第三次三爻，第四次四爻，第五次五爻，第六次上爻。而且變卦也在其中，不必再擲第七次了。舉例說明之：

第一次爲少陰，第二次爲少陰，第三次爲老陰，第四次爲少陽，第五次爲老陽，第六次爲少

陰。則卦可以記成如下：（註老陽以○記號記之，老陰以×記號記之）

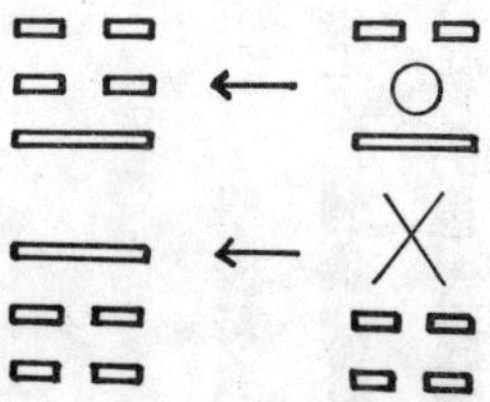

本卦　澤地萃

變成　（老陽變少陰，老陰變少陽）

變卦　雷山頤

例二：第一次爲少陽，第二次爲少陽，第三次爲少陽，第四次爲少陽，第五次爲少陽，第六次爲老陽，則可記成如下：

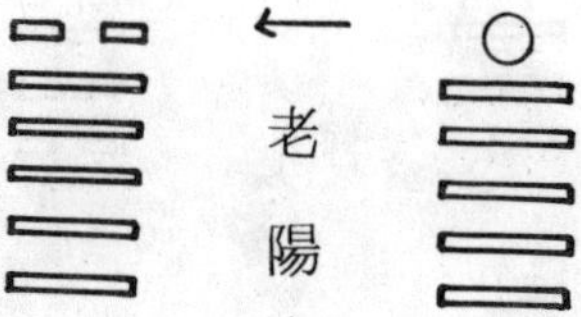

本卦　乾爲天

老陽變少陰

變卦　澤天夬

例三：第一次爲少陰，第二次爲少陽，第三次爲少陽，第四次爲少陰，第五次爲老陰，第六次爲

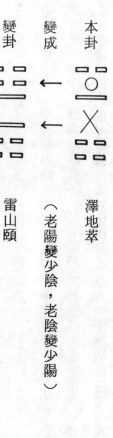

老陰，則可記成如下：

本卦　地風升

老陰變少陽

變卦　巽爲風

四　實例十三則

實例之一：

七十二年五月，學校黃老師來問卜，歐陽老師現所懷胎兒是男是女，請筆者預測。筆者將口袋中三個金錢卦取出，在老師們衆目睽睽下卜出本卦。震爲雷，而無變卦。筆者當場分析，震者，長男也，歐陽老師此係頭胎，有九成把握確定胎兒是男，否則招牌拿下。

兩個月後，黃老師告訴筆者，你的相命館招牌用不著拿下來了，歐陽老師果然生了一個男孩。

䷲ 震爲雷

實例之二：

七十二年六月，陸軍官校黃少尉，來館問今年男女感情之事。卜一卦，得天地否卦，無變卦。

筆者斷其男女關係，今年必定煩惱多多，心情難能如願。蓋否者，萬事閉塞不過也。

黃少尉說筆者論斷極準，他目前果然有三角戀愛之煩惱。嗣後，他又報出他的出生年月日，要筆者爲他批八字。其八字爲辛○、己亥、戊辰、○亥，今年流年癸亥，天冲地尅月干支，又刑時支，又水滅火用神，焉能行好運乎，筆者囑其萬事忍耐，宜慧劍斬情絲，否則桃花犯身破財，悔之晚矣。

䷋ 天地否

實例之三：

七十二年七月，某老師問陳老師是否會被學校炒魷魚，不續發聘書？

筆者當場掏出三枚金錢卦，爲陳老師的前途來卜一卦，得澤風大過卦。

筆者斷言，澤風大過凶多吉少，一定會捲鋪蓋，走路矣！

到了八月中，校長宣佈，全校老師只有陳老師一人不再續聘，理由是，陳老師只圖私利，不爲學校立場著想，所以只好請他走路了。

澤風大過

實例之四：

七十二年十月帶學生到台中溪頭、谷關遊玩，卜當日天氣好不好，得澤雷隨卦，當時心理就暗叫：可能天公不作美了！

當天先到溪頭，天氣晴朗，到了谷關吃了中飯，天氣仍然晴朗，不過到了兩點鐘時，竟然落了一陣雷雨，師生都成了落湯雞，眞應驗了卦名——澤雷隨。

實例之五：

癸亥年庚申日，卜第五選區立法委員候選人張河川能否當選，得天山遯卦，斷之必然落選。

開票揭曉後，果然以最高票落選。

實例之六：

癸亥年庚申日，卜第五選區立法委員候選人余陳月瑛能否當選，得乾爲天卦，斷之必最高票當選。

開票後，果然以最高票當選，而且得十三萬多票，名例全國第二高票。

實例之七：

癸亥年辛酉日，卜第五選區立法委員候選人鍾榮吉能否當選，得雷火豐變天火同人，斷之有驚無險，不過仍可當選，因其變卦爲天火同人大吉也。

開票後，果然當選，不過得票數不高。

實例之八：

癸亥月甲子日，在高雄明夷命相館，卜第五選區立法委員候選人黃河清能否當選，得地山謙之地雷復卦，該館主斷定黃河清一定落選，我說不盡然吧，可能還會吊車尾，勉强當選吧！館主默然不語。

開票後，黃河清果然以八百多票險勝最高票落選人張河川，而當選立法委員，吊了車尾。

實例之九：

癸亥月辛酉日，卜高雄市蘇秋鎮能否連任立法委員，得地山謙之天山遯，斷言凶多吉少，可能落選矣！

開票揭曉，果然蘇秋鎮落選了。

實例之十：

癸亥月庚申日，卜高雄市張俊雄競選立法委員能否當選，得風澤中孚之天澤履，斷之吉多凶少，可能爆出黑馬而當選。

開票揭曉後，果然當選，而且得票數很高。

實例之十一：

癸亥年辛酉日，卜台北市康寧祥能否連任立法委員？得地風升之坎爲水，坎爲水爲四難卦之一，因吾已知道康寧祥之生辰八字，知道今年流年不利，加之卦意如此，雖然各家報紙都說康寧祥篤定當選，吾亦不信也，斷之凶多吉少。

果然揭曉時，各家報紙都以爲爆出冷門，大加討論爲何康寧祥得票數奇少而落選了。

實例之十二：

癸亥月己巳日，卜大同電機股票明日會漲或會跌，得雷天大壯之火澤睽，斷之一定跌。

果然，由一四·七〇元跌至一四·六五元。

實例之十三：

癸亥月戊辰日亥時，卜台灣水泥股票明日會漲或跌，得風雷益，斷之漲多跌少。

果然，隔日由二四·二〇元漲至二四·四〇元。

五 占卜須知

如按照古人方式，占卜宜設一清潔靜室，設一香案神桌，向正南朝對排置靜爐，焚香點燭，占卜者衣冠整齊，立在案桌前，朝立正北面，誠心用卜。占卜者有十戒如左：

第一條：占卜時，宜洗手漱口，令來占人焚香，祝告事畢，方退在旁邊，或靜坐定神，專心瞑想要卜問的事情，以和主卜者的精神，合而爲一，占卜者，則站在案桌前，誠心氣力貫注於臍下丹田，然後誠心拜請神靈，占卜手執靈龜或卦筒搖動，卜成卦象，以斷吉凶。

第二條：求占者，如心無誠意，或無所需，用略舉一事，爲題戲者，天理不順人情，占則不驗。

第三條：隨便偶占毫無誠意，占亦不驗。（占卜是精神統一的事，心無誠意，則精神不集中，占則不驗）

第四條：兼問許多事件，則數理不逮不驗。（一件事要占一卦，不可一卦問兩三件事。一件事亦不可以重覆占三回，以致心慌亂，易經有說再三瀆，瀆則不告。）

第五條：自己的事騙說是別人的事，或以他事爲題以致用神不定，占則無益不驗。

第六條：求占者，心雖誠而委任他人代占，而代占者，心無誠意，占亦不驗。

第七條：占者本人不在，無精神統一，而占卜者，難以語人，占亦不驗。

第八條：或問此事，尙藏別意，占亦不驗，心有藏別意，無用神標準難斷。

第九條：奸盜邪淫，飲酒瘋顛，不正經事，則天理不容之不驗，易經有說：易爲君子謀，不爲小人謀。

第十條：占卜時，宜靜神安坐室內，不可擾亂喧嘩，以致亂了精神統一，是爲至妙。凡非求占之人，旁聽判斷，不可喧嘩，以亂占卜者精神，堂室內宜禁忌喧嘩，潔淨堂室，是爲至妙。

六 占卜家的資格

古老式的占卜，須要重新整理改良或創造出新的判斷方法。但要如何來革新呢？須從兩方面來改進，第一種是占卜的方法，第二種是占卜家本身。

占卜家——坦白地說，過去的占卜家知識較低，學歷經歷也不高，因而容易招致他人的非議。現在的占卜家的學歷便高得多了，有博士、碩士、學士及一些學問極高的人士。

◎占卜家要有豐富的學識與修養

所謂學識，並不意味一定要接受高等的教育，但是易經的字句相當艱澀，如要完全了解卦中涵意，除了要有相當的學識外，對於文字也要有相當的涵養，才能判斷正確。而且占卜家還要有冷靜的頭腦，和科學家的精神，把應驗的卦和不應驗的卦綜合起來，冷靜地分析其原因，並且創造一套更新、更準的斷卦方法，才不致於炒古人的冷飯，而使占卜學發揚光大。

◎占卜家要具備推理頭腦

解析占卦時需要冷靜的理智；而且要有推理的頭腦的才能具備這種智力。不但要有科學性的推理，而且要具備超心理學靈敏的知覺。這種超能力的占卜家，不但能就事物的表面，由靈敏的觀察而得知隱藏的玄機，也可以對將來可能發生的變化，作一個正確的判斷。

◎占卜家要有可靠的人格

占卜家的人格十分重要，如果人格正直，也不致於有騙財騙色的事情發生。一個占卜家要面對各式各樣的顧客，三教九流都有，如何保持自己，不為名、利、美色、感情所左右，而使自己精神集中，斷卦正確呢？所以一個占卜家要如入定的老僧一般，用冷靜的眼光，來相人論卦，才不致於頭腦亂糟糟，判斷不準確。

◎占卜家要精通中國五術

一個優秀的占卜家要精通中國的五術，就是山、醫、命、相、卜，自己不但要會卜卦斷卦，而且要精通風水陽宅、中醫診斷、批算生辰八字、兼看人相手相等等，上自天文，下至地理，都要略通一、二，如能兼看求占者的人相膚色、生辰八字，用中醫的診斷方法加以配合，則卜卦判斷，必定更加準確。尤其是判斷病情，會更加準確。

七　單卦之象徵意義

1、☰乾、天

季節——從十月上旬寒露至十二月大雪的二月間。

時間——十八時至二十一時。

天象——晴天、太陽、天空、乾旱、嚴寒。

人物——父、祖先、主人、長輩、老人、宰相、夫、上司、官吏、資本家、神明、剛健的人、總經理、軍人、有威嚴的人、君子、援助者、中心人物、有影響力者、經營者等。

人體——首、頭、左肺、脊髓、骨。

疾病症狀——高熱、肺病、頭昏、腫瘡、腦溢血、便秘神經系統疾病、頭痛、高血壓、急劇性疾病。

市場行情——上漲、騰貴。

場所——都會、首府、寺廟、官衙、名勝、廣場、郊外、運動場、競技場。
動物——龍、獅子、虎、鯨、象。
植物——常綠樹、杉、松、樹木的果實。
雜物——堅硬之物、圓形物體、覆蓋物、高價物品、活動物體、巨大之物、鏡、鐵、礦物、米、齒輪、寶石、貴重金屬、大廈、汽車、機械、果實、通貨、鐘錶。
性情——工作熱心、能掌握大局、獨立性强、很重現實、善於交友、但樹敵亦多。個性活躍、領導能力强、風度翩翩，爲人風趣。
其他——信仰、大、充實、圓形、競技、活動、繁忙、膽量、果斷力、堅固、健康、戰爭、懷胎、過份、超出預算、政府、施行、收藏、氣力、抽象。

2、☱兌、澤

季節——從九月白露到十月寒露的一個月間。收成時節。
時間——十五時至十八時。
天象——陰時多雲，快下雨、梅雨。

人物——少女、娼妓、酒吧女、銀行職員、歌星、翻譯人員、發起人、妾、放款人、非處女。

人體——口、肺、呼吸器、女性性器官、齒。

疾病——肺病、呼吸器官疾病、性病、婦女病、跌打損傷、言語障礙、口腔內疾病。

市場行情——價格低。

場所——沼澤地、娛樂場、食堂、凹地、講習會場、咖啡店、銀行、低窪地、水邊、鳥屋、廚房、花街柳巷、池、谷、湖。

動物——鳥、河魚、羊。

植物——秋季開花的七種草（荻、葛、雄花、瞿麥、女蘿蘭草、桔梗）、生薑。

雜物——紙幣、食物、刀劍、有缺口之物、玩具、鷄肉、鷄肉飯、甜酒、咖啡、鍋、鋁水桶、撲克牌、星、扇、口香糖。

性情——性格爽朗而且愛慕虛榮、有常識、有自滿於小成就的傾向、情慾强烈、容易受誘惑、口才好而且機敏、講究享受、易聽信人言、性格不剛强。

其他——經濟、金融、利息、口才、口角、戀情、笑、色情、一時中止、封套、缺三分之一、折斷、彎曲、妖艷、喜悅。

3、☲離、火

季節——從六月上旬芒種至七月上旬小暑的一個月間。太陽南回、陽光强烈之時，爲陰陽分岐點，從陰陽兩作用的分界而言，有別離意味。

時間——九時至十二時。

天象——晴。

人物——中女、教師、美人、藝術家、文學家、推事、美容師、設計師、學者、消防人員、演員、知識份子。

人體——心臟、眼、臉部。

疾病——心臟病、眼疾、高熱、灼傷、便秘、頭暈。

市場行情——上漲。

場所——美容院、圖書館、火災後的廢墟、燈塔、法院、劇場、資料館、裝飾品店、藥局、文具店、學校、噴火口、瞭望台、教會。

動物——金魚、孔雀、螢火蟲、雉、螃蟹。

植物——南天竹、胡桃、楓樹、牡丹。

雜物——美麗物品、裝飾品、化粧品、眼鏡、文書、書畫、股份、票據、印鑑、文具、電視、鏡子、槍、刀、蠟燭、火柴、藥品、曬乾物品、照相機、樣本。

性情——注重外表、性情善變、動輒發怒、性急欠冷靜、經常失敗、表面明朗、生性懦弱、有先見之明、才能卓越、如得貴人扶持前途輝煌、求知慾强、重名譽。

其他——精神、學問、教育、公事、先見之明、發現、名譽、高升、尖銳、光輝、藝術、離別、切割、手術、競爭、爭執、激烈、美、發明、外觀、美容、華美、文明、光、理想、表現、記錄、八面玲瓏之人。

4、☳震、雷

季節——從三月上旬驚蟄至四月上旬清明的一個月間。太陽遠離，寒風冷冽，只有孕育萬物萌芽之勢。

時間——三時至六時。

天象——晴、雷雨、地震。

人物——長男、青年、廣告、宣傳人員、廣播員、接線生、電氣、與樂器有關的人、勇者、不安份的人、急性子的人。

人體——肝臟、神經、脚。

疾病——肝臟病、暈眩、歇斯底里症、神經痛、受傷、痙攣、百日咳、氣喘、風濕病、突發病症、肌肉痛。

市場行情——變動、上升。

動物——龍、鳴蟲。

植物——檸檬、嫩竹、仙人掌、蜜柑、山茶。

雜物——電器用品、發出聲響之物、樂器、鈴、電話、廣告傳單、燈火、煙火、新潮物品、新品樹苗、壽司、槍。

性情——個性爽朗、善於交際、積極而且早熟、有桃色糾紛、有所偏愛、個性倔强、却無膽量、性急而且感情化、說話易遭誤解，而且感到痛苦。

其他——繁榮、發展、爬升、伸長、侵入、希望、奮起、聲音、音樂、鳴叫、雷鳴、動、激烈、喧囂、火災、明朗、新鮮、性急、速度、評價、宣傳、廣告、謊語、勇敢、嚇人之物。

5、☴ 巽、風

季節——從四月上旬清明至芒種約二個月間。陽氣滋生時。
時間——六時至九時。
天象——刮風、不下雨。
人物——長女、推銷員、商人、旅行者、來客、郵局工作人員、迷失的人、未婚者。
人體——肝臟、呼吸器官、腸、股、食道。
疾病——感冒、呼吸器官的疾病、腸疾、狐臭、性病、流行性疾病、肝臟病、病情忽好忽壞。
市場行情——不穩定、有下跌傾向。
場所——道路、連絡用道、遠處、機場、海港、電信局、信箱、郵筒、商店、加工廠。
動物——蛇、鳥、蝴蝶、白帶魚、蜻蜓、海鰻。
植物——竹、木。
雜物——電風扇、團扇、飛機、木製品、加工品、帶、線紙、麵條、佛香、香水。
性情——慈祥溫和、樂於助人、說話婉轉、喜歡社交、果斷力弱、容易喪失好機會、自我認識不夠、滿腹牢騷、過於自負。

其他——交際、關照、友情、信用、貴賣、謠言、遠方、旅行、通信、迷惑、搞錯、長、飛、說媒、結論、和諧、機警敏捷、風俗、輕率、敷衍。

6、☵ 坎、水

季節——從十二月上旬大雪到一月上旬小寒的一個月間。爲等候春天的降臨，必須忍耐準備的堅苦時期。

時間——二十一時至二十四時。

天象——雨雪交加、霜、梅雨、寒氣。

人物——中男、船員、法律專家、思想家、部下、介紹人、性感之人、盜賊、病人、死者。

人體——耳、腎臟、性器官、肛門、臀部、子宮。

疾病——耳炎、腎炎、尿道炎、糖尿病、出血、喀血、化膿、盜汗、中毒、酒精中毒、下痢、寒症、婦女病、月經不順、性病、痔瘡、疼痛症。

市場行情——下跌、最低價格。

場所——穴、洞穴、水源地、瀑布、河川、汚水、水利局、井邊、洗手間、酒店、地下、內側、後門、寢室、等候室、海中、北極。

動物——魚、貝類、狐。

植物——絲瓜、水草、水仙、蘿蔔、紅梅。

雜物——食用水、泉、飲料、牛乳、汁、醬油、酒器、海苔、豆腐、醃菜、毒藥、針、筆、弓、水晶、石油、環。

性情——不圓滑、有怪癖、講求面子、面惡心善、注意力集中、熱心、爲達目的不顧一切、勞碌而且神經質、不知變通、意氣用事、自傲、喜獨處。

其他——濡濕、創始、沉沒、潛入、流轉、煩惱、勞苦、貧困、孤立、障礙、疾病、性交、隱情、私奔、秘密、幽會、裏面、睡眠、鎮靜、親愛、親睦、連絡、法律、思考、計謀、狡猾、黑暗、寂寞。

7、☶艮、山

季節——從二月立春至三月上旬驚蟄的一個月間。由冬入春的變化時期。

時間——零時至三時。

天象——陰。

人物——少男、繼承人、家族、親戚、同業者、革命家、頑固者、高尚之人、奇特之人、貪心之人、礦業人士、警備人員、飯店工作人員、倉庫管理人員、後繼者。

人體——關節、背部、鼻、手指、男性性器官。

疾病——關節痛、骨折、鼻炎、腰痛、血氣不順、脊椎骨的疾病、跌打損傷、脾臟疾病。

市場行情——漲停板。

場所——城、石牆、土堤、山岳、山林、高山、高地、宿舍、旅館、倉庫、小庫房、二樓、階梯、拐角、走廊、門、出口、椅子、山路、境界、貯藏所、橋、丘陵。

動物——狗、有牙齒之動物。

植物——百合、桃、李。

雜物——不動產、門、小石、桌、倉庫物品、牛肉、鹹魚子、山芋、高級甜點心。

性情——做事穩健且受長輩提攜、在實業方面有所成就，如私慾過重、將遭朋友排斥而被孤立、不屈不撓、具有重振雄風的毅力、性情保持平和、改變方針時多加注意，則可獲得幸福、好惡分明、好勝而且理解力强、自我主義。

其他——親屬、繼承、轉捩點、改革、革命、復活、再起、改良、整理、停止、中止、退、關店、儲蓄、慾念、頑固、高尚、拒絕、歡迎、堅固。

8、☷坤、地

季節——從七月上旬小暑至九月上旬白露的二個月間。

時間——十二時至十五時。

天象——陰。

人物——妻、母、女、老婦、農夫、民衆、勞工、副主管、平凡人、溫順的人、老母。

人體——腹部、胃腸、皮膚、肉。

疾病——胃腸疾病、消化不良、食慾不振、皮膚病、下痢、便秘、過勞、老化。

市場行情——跌停板。

場所——平地、農地、農村、山村、原野、鄉村、故鄉、安靜場所、黑暗地方、工作場所、。

動物——母馬、牛、家畜、蟻。

植物——蕨、蘑菇、芋、馬鈴薯。

雜物——布、棉織品、袋子、床單、被單、貼身內衣、綢緞、不動產、古董、古物、土器、陶瓷器、鍋、容器、空箱子、榻榻米、甘薯、粗點心、廉價品、粉末、日常用品、鞋。

性情——外柔內剛、腳踏實地努力，可獲成功，一點一滴累積以致富，缺乏創意與果斷力，但工作認眞、踏實而且個性柔順，在組織中受人信賴，適合輔助性質的工作。

其他——樸實、農業、低等職業、勤務、營業、傳統、舊式、拖延、夜、黑暗、不消化、空虛、空、吝嗇、認眞、參謀、四角、厚、均等、具體的、靜。

八　八宮卦變解析

如果我們將六十四個重卦分析歸類，則可得到八個卦群，稱此八個卦群爲「八宮」，這是以六個純重卦爲各宮的變動爲開始點，按照爻變的法則——首先由第一爻往上變至第五爻，再回復變至第四爻及下卦——則可得到八個純重卦，所衍變出來的八個卦群，這就是所謂的八宮。下面依次說明每個宮的爻變法則，及所得出來的重卦。

一、乾宮（屬金）所屬八個重卦

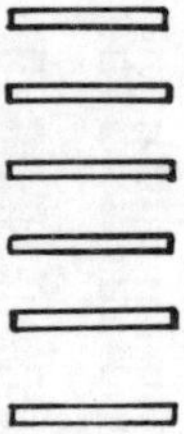
純乾卦（乾爲天）爲本宮各卦變動開始點

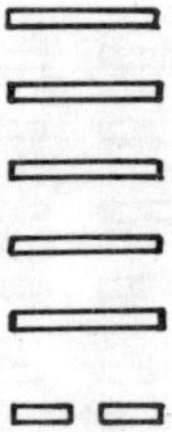
第一爻變（天風姤）

第二爻變（天山遯）

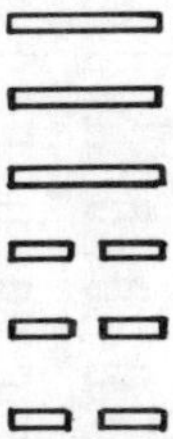
第三爻變（天地否）

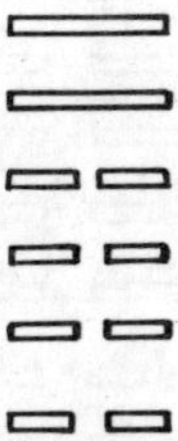
第四爻變（風地觀）

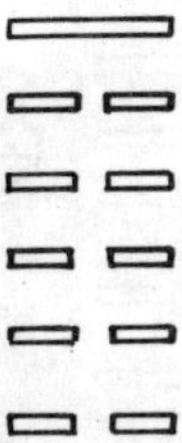
第五爻變（山地剝）

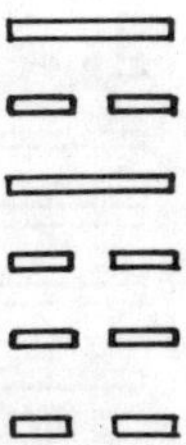
回來第四爻變（火地晉）

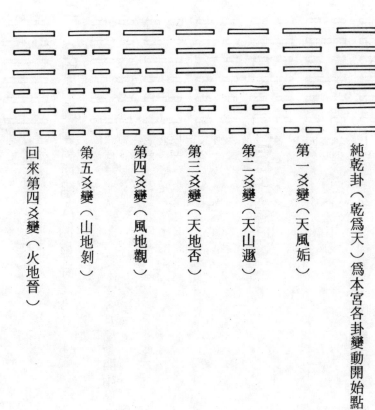

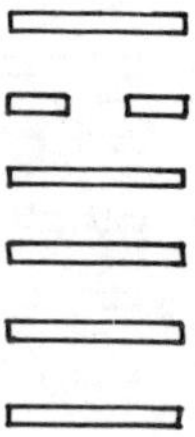

下卦全變（火天大有）

二、兌宮（屬金）所屬八個重卦

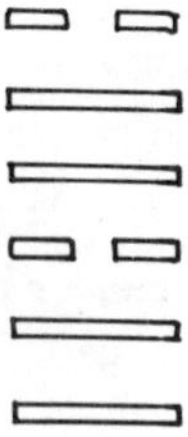

純兌卦（兌爲澤）爲本宮各卦變動開始點

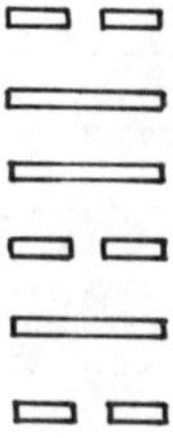

第一爻變（澤水困）

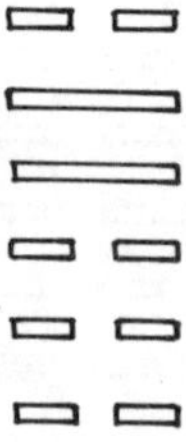

第二爻變（澤地萃）

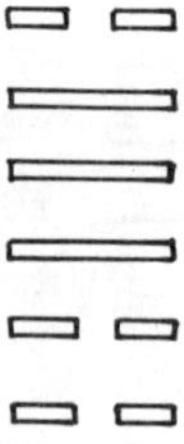

第三爻變（澤山咸）

第四爻變（水山蹇）

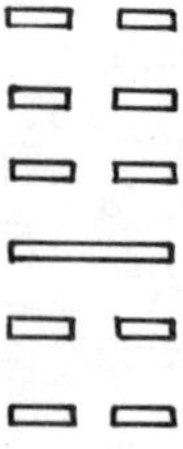

第五爻變（地山謙）

䷽ 回來第四爻變（雷山小過）

䷵ 下卦全變（雷澤歸妹）

三、離宮（屬火）所屬八個

䷝ 純離卦（離爲火）爲本宮各卦變動開始點

䷷ 第一爻變（火山旅）

䷱ 第二爻變（火風鼎）

䷿ 第三爻變（火水未濟）

䷃ 第四爻變（山水蒙）

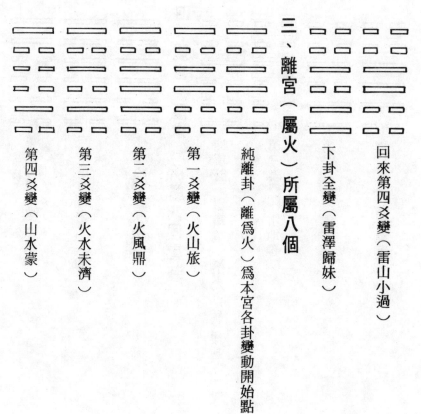

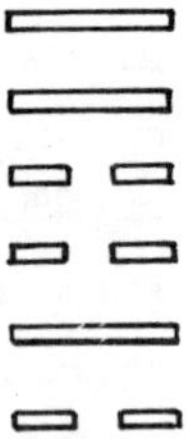

第五爻變（風水渙）

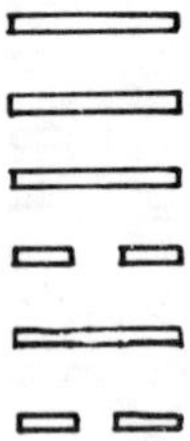

回來第四爻變（天水訟）

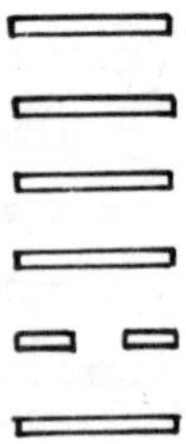

下卦全變（天火同人）

四、震宮（屬木）所屬八個重卦

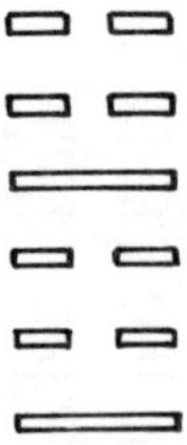

純震卦（震爲雷）爲本宮各卦變動開始點

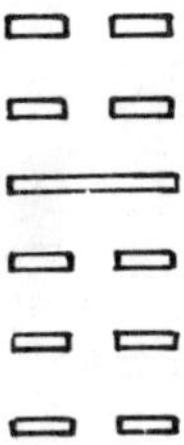

第一爻變（雷地豫）

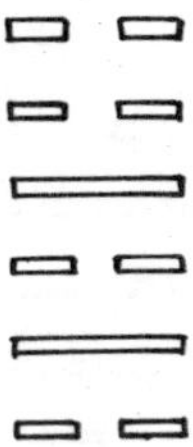

第二爻變（雷水解）

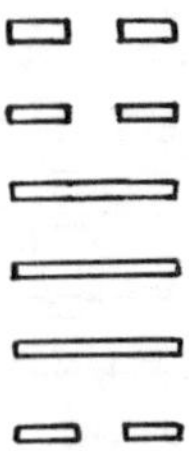

第三爻變（雷風恒）

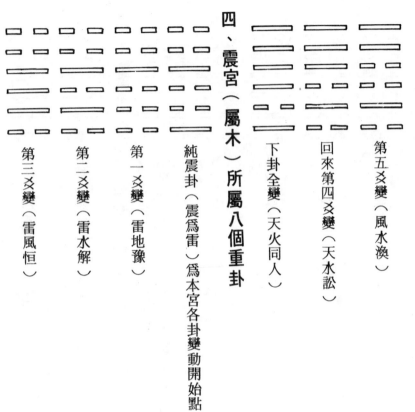

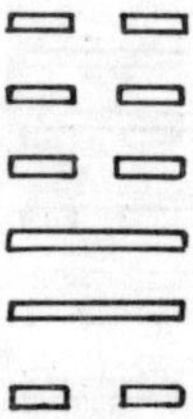

第四爻變（地風升）

第五爻變（水風井）

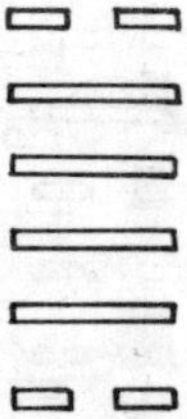

回來第四爻變（澤風大過）

下卦全變（澤雷隨）

五、巽宮（屬木）所屬八個重卦

純巽卦（巽爲風）爲本宮各卦變動開始點

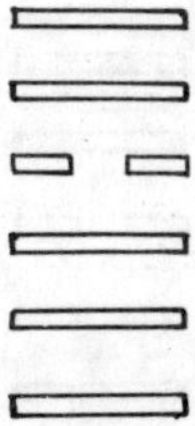

第一爻變（風天小畜）

第二爻變（風火家人）

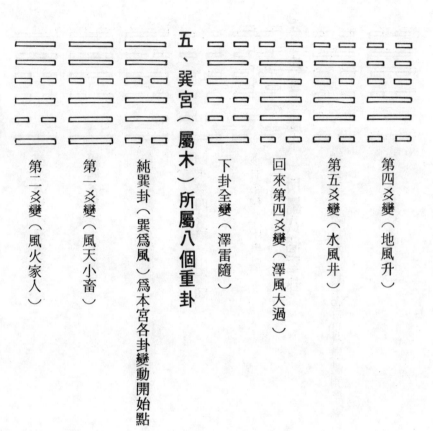

䷩ 第三爻變（風雷益）

䷘ 第四爻變（天雷無妄）

䷔ 第五爻變（火雷噬嗑）

䷚ 回來第四爻變（山雷頤）

䷑ 下卦全變（山風蠱）

六、坎宮（屬水）所屬八個重卦

䷜ 純坎卦（坎爲水）爲本宮各卦變動開始點

䷻ 第一爻變（水澤節）

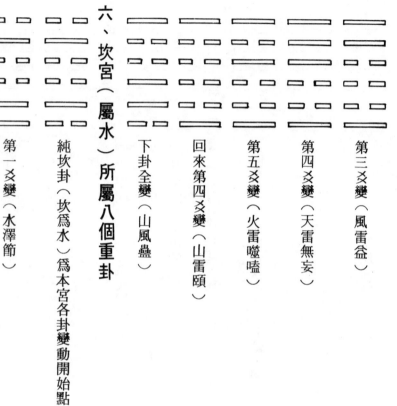

䷂ 第二爻變（水雷屯）

䷾ 第三爻變（水火既濟）

䷰ 第四爻變（澤火革）

䷶ 第五爻變（雷火豐）

䷣ 回來第四爻變（地火明夷）

䷆ 下卦全變（地水師）

七、艮宮（屬土）所屬八個重卦

䷳ 純艮卦（艮爲山）爲本宮各卦變動開始點

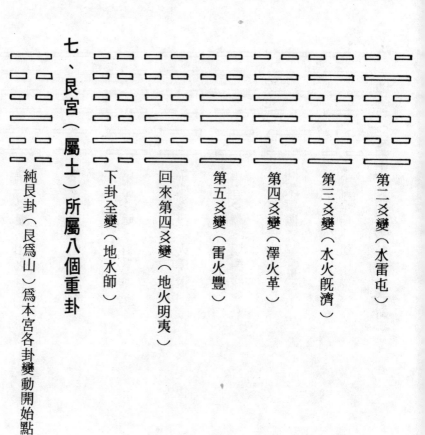

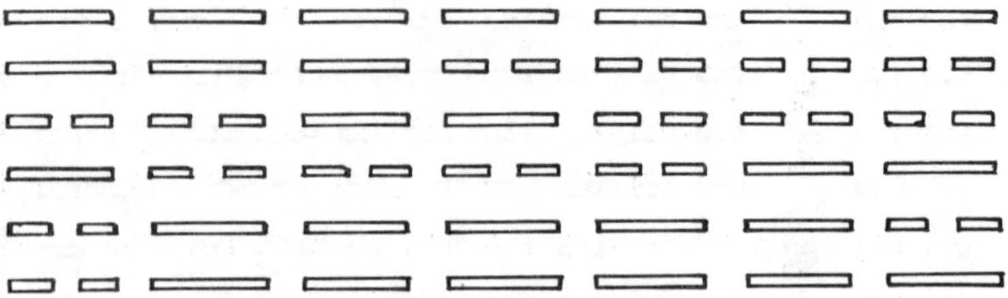

第一爻變（山火賁）

第二爻變（山天大畜）

第三爻變（山澤損）

第四爻變（火澤睽）

第五爻變（天澤履）

回來第四爻變（風澤中孚）

下卦全變（風山漸）

八、坤宮（屬土）所屬八個重卦

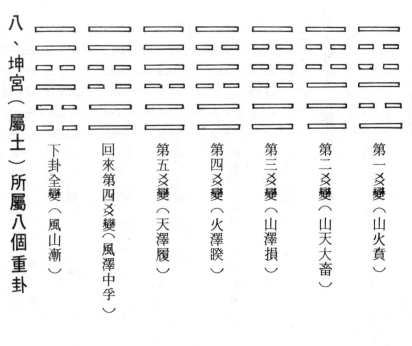

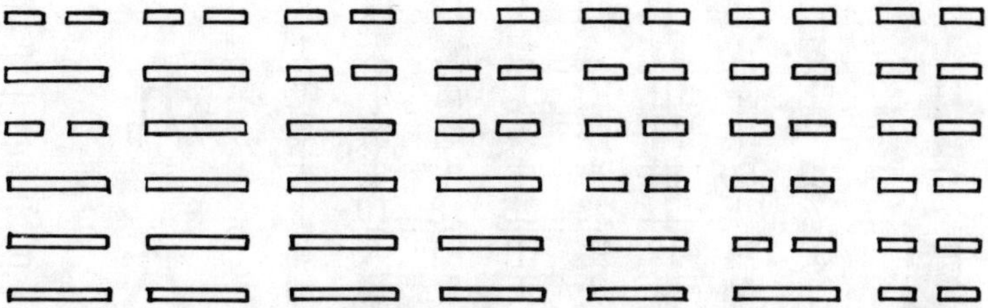

純坤卦（坤爲地）爲本宮各卦變動開始點

第一爻變（地雷復）

第二爻變（地澤臨）

第三爻變（地天泰）

第四爻變（雷天大壯）

第五爻變（澤天夬）

回來第四爻變（水天需）

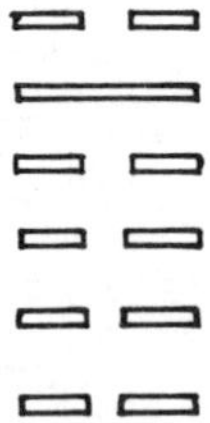

下卦全變（水地比）

九　六十四卦循環表

1乾爲天↓2坤爲地↓3水雷屯↓4山水蒙↓5水天需↓6天水訟↓7地水師↓8水地比↓
9風天小畜↓10天澤履↓11地天泰↓12天地否↓13天火同人↓14火天大有↓15地山謙↓16雷地豫
↓17澤雷隨↓18山風蠱↓19地澤臨↓20風地觀↓21火雷噬嗑↓22山火賁↓23山地剝↓24地雷復↓
25天雷无妄↓26山天大畜↓27山雷頤↓28澤風大過↓29坎爲水↓30離爲火↓31澤山咸↓32雷風恒
↓33天山遯↓34雷天大壯↓35火地晉↓36地火明夷↓37風火家人↓38火澤睽↓39水山蹇↓40雷水
解↓41山澤損↓42風雷益↓43澤天夬↓44天風姤↓45澤地萃↓46地風升↓47澤水困↓48水風井↓
49澤火革↓50火風鼎↓51震爲雷↓53風山漸↓54雷澤歸妹↓55雷火豐↓56火山旅↓57巽爲風↓58
兌爲澤↓59風水渙↓60水澤節↓61風澤中孚↓62雷山小過↓63水火旣濟↓64火水未濟

十　易經六十四卦解析

1. ☰乾爲天・晴空的飛龍

「乾」就是「天」的意思。這個卦的六個爻，都是「陽」，沒有「陰」爻的存在。

乾卦亦表示剛健旺盛之運動，如飛龍在天空飛舞。

這卦表示運氣强，但升得太高，到了極點，也有下降失敗的可能性。易經上所說的「亢龍有悔」；就是教人得此卦時，雖然很好，但是要謙虛，以免滿遭損，掉了下來。

判斷吉凶：

1. 運氣：萬事如意，名利雙收，但防得意忘形，過份驕傲，則容易失敗。
2. 願望：可成，但是要虛心處事。
3. 婚姻：可成，但防虛榮心作怪，理想過高，易生裂痕。
4. 戀愛：可成，但防雙方太自私，招致破裂。
5. 旅行：吉利。
6. 交涉：要努力才能成功。
7. 財運：佳，但防小人倒賬。

8.尋人：該人在某處活躍中，難找。宜向西北方去找。
9.失物：能找到，但需要長時間，往西北方某高處。
10.考試：成績好，切忌驕傲，大意失荊州。
11.開張營業：吉。
12.求職：有貴人提拔，將來定有成就。
13.改行或遷移：維持現狀較佳。
14.子女運：肚子中的胎兒可斷定是男。
15.天氣：晴。

有變爻時的判斷：

●初爻變：「潛龍勿用」，時機未到，要等待。
●二爻變：「見龍在田」，有朋友來相助。
●三爻變：要小心警惕，謹慎從事。
●四爻變：不久將活躍起來，但現在仍要小心。
●五爻變：「飛龍在天」，可盡量發展。
●六爻變：「亢龍有悔」，運氣到了極點，提防沒落衰敗。

2. ䷁ 坤爲地・柔順的雌馬

「坤」就是「地」，代表柔順的意思。此卦與前面的乾卦完全相反：由初爻至上爻的六個爻全都是「陰爻」。

坤卦代表的象義是平靜與和順，也是徹底的消極與被動。「乾爲天」代表「父的天」，「坤爲地」代表「母的地」。地上孕育著萬物的生長與希望。

判斷吉凶：

1. 運氣：萬事不宜深入，應該退守現狀，才能安然無事。是先苦後甘之象，不宜輕易妄動。
2. 願望：無法馬上達成，要耐心一步一步做下去，有恒才能成功，不要性急。
3. 婚姻：有成功希望。但不宜太挑剔。
4. 戀愛：能成功，但不宜太性急。
5. 旅行：最好暫時不要外出。
6. 交涉：無法達成重點。
7. 財運：不宜冒然投資，要慢慢來。長期儲蓄。

8.尋人：躲在附近，「西南得朋」，方位在西南方。
9.失物：不在室內，便是遺失了。尋找方位：西南方低處。
10.考試：成績平平。
11.開張營業：不宜，待好時機。
12.求職：不能立刻找到工作，須等待。
13.改行或遷移：不得其時，暫時不行。
14.子女運：兒女衆多，家庭和睦。肚子中的胎兒是女的。
15.天氣：連續的雨天。

有變爻時的判斷

●初爻變：默默地努力，等待春天的來臨。
●二爻變：配合天時，一定可成。
●三爻變：隱藏才能，小心言行。
●四爻變：不求有功，但求無過。
●五爻變：道德精進，衆望所歸。
●六爻變：「龍戰於野」，不得不下決定，一決勝負。

3. ䷂ 水雷屯・雪下的嫩芽

「屯」者，萬物之始也。上卦的水代表雲，下卦是雷，在陰雲密佈的天空中，偶而發生閃電，不久會下雨，草木將長出嫩芽。

此卦相當於人的嬰兒時期。比喻國家剛開始創建，因爲此卦是天地開始交合所產生，所以將它命名爲「屯」卦。

判斷吉凶：

1. 運氣：開始創業，苦難接二連三的來，要有堅忍奮鬪的意志，埋頭苦幹，才能排除萬難，大功告成。
2. 願望：多事多難，只要堅忍有恒就有成功希望。
3. 婚姻：好事多磨，只要忍耐，定會得到良緣。
4. 戀愛：愛情路上障礙多，要有耐性，同時以誠待之，就有成功希望。
5. 旅行：旅程上麻煩多，而且躭誤時日，要多加考慮。
6. 交涉：進入僵局，不要因小事拖延，而誤大局。

7.財運：不佳，開銷多。

8.尋人：被尋者歷經波折困難，去處不明。

9.失物：現還在自宅內，如時間太久容易落到外人之手，就永遠找不回來了，趕快尋找。方位是東方或北方。

10.考試：成績差。

11.開張營業：障礙多，不宜。

12.改行或遷移：障礙多，待機行事較好。

13.求職：障礙多，要有貴人相助才行。

14.子女運：兒女衆多，先苦後甜。肚中胎兒是男孩。

15.天氣：陰而後晴。

有變爻時的判斷：

●初爻變：要觀察局勢，不可輕易變動。

●二爻變：有煩惱現象，要忍耐。

●三爻變：要有貴人，才不會失敗。不可冒險。

●四爻變：要請教別人，才有成功希望。

●五爻變：時機未到，小事可爲，大事不行。
●六爻變：窮則變，有變化才有扭轉時局而成功的希望。

4. ䷃山水蒙・霧濃的山谷

上卦是崇山峻嶺，下卦是水。就整個卦來解釋，就是水蒸發之後，變成霧而把山掩蓋成朦朧狀，而看不清山的眞面目，就是「蒙」。

前卦「水雷屯」表示剛出生狀態，混沌雜亂；毫無秩序。而此卦則代表幼兒智能啓蒙之時。現雖蒙昧無知，但終將被開導啓蒙，而聰明起來。

判斷吉凶：

1. 運氣：運氣停滯，艱辛困難，不明事理，而且缺乏果斷，猶豫不決往往誤事。將來尚未明朗化，煩惱多。占得此卦時，可趁機會讀書，預備將來而充實自己。
2. 願望：很難達成，只好耐心等待時機的到來。
3. 婚姻：相親時要先調查對方人品家境，提防受騙，成功的機會較少。
4. 戀愛：因缺乏勇氣與決斷而失敗。

5. 旅行：阻礙多而躭誤時間，最好詳細計劃後再決定。
6. 交涉：沒有把握，要先考慮可能的障礙再決定。
7. 財運：不順，需待時機。
8. 尋人：被誘拐出走之象，須長時間的尋找才能發現。方位：北方或東北方。
9. 失物：失物放在某種東西下面，仔細搜查便可尋獲，方位是東方到北方。
10. 考試：成績差。
11. 開張營業：不宜，須待吉日。
12. 改行或遷移：暫時不宜，須待好時機。
13. 求職：無法馬上謀得職業，須耐心的等待與努力。
14. 子女運：子女衆多，牽累也大，然注重子女的教養，將來必得幸福。肚子中的胎兒是男孩。
15. 天氣：陰天。

有變爻時的判斷：

●初爻變：不可放任行事。
●二爻變：婚姻吉祥。
●三爻變：不吉。

●四爻變：不吉。
●五爻變：吉。
●六爻變：要努力奮鬥。

5. ䷄ 水天需・等待渡船的人

「需」就是等待的意思。下卦是「乾」，表示剛健活躍與進取，上卦「坎」表示危險，阻擋了乾卦的活動性與作用。

一方面「坎」代表雲象，「乾」代表天象，綜合起來就是密雲滿天而未雨，也就是萬人等待天下雨之象。

判斷吉凶：

1. 運氣：堅忍自重，不能過份急進與妄動，時機一來運氣逐漸轉好。小不忍足以亂大謀，不可衝動冒然行事。
2. 願望：無法立刻實現，要有恒心才能成功。
3. 婚姻：雖然彼此交往長久，但時機尚未成熟，要安心的等待，不可性急。

4.戀愛：對方的企圖要查清楚，不要受騙。
5.旅行：現在不可起程，必須延期。
6.交涉：要摸清對方底細，便能成功。
7.財運：合夥怕會失敗，還是投資不動產或定期存款。
8.尋人：現在不容易找到，須花費長時間才有希望。方位：北方或西北方。
9.失物：要等一段時間才能找出。
10.考試：不如意，仍須努力。
11.開張營業：不得其時。
12.改行或遷移：暫時不行。
13.求職：無法立刻找到工作，耐心等待才有好職位。
14.子女運：得孩子遲，先勞苦後幸福。胎兒是男孩。
15.天氣：陰而後雨。

有變爻時的判斷：

●初爻變：到郊外或鄉下等待好時機。
●二爻變：吉，但防小人謠言中傷。

●三爻變：謹口愼行，小心身外之災。
●四爻變：有驚無險，貴人相助。
●五爻變：冷眼旁觀，以不變應萬變。
●六爻變：危險降臨，但有貴人意外相助。

6. ䷅天水訟・好强打官司

「言」與「公」合成訟字，取「言於公庭」之義，卽俗語所說的「打官司」。

卜得此卦時，雖然你認爲你的論點正確，但對方也堅持他的論點正確，因此對立愈來愈激烈，反而對你自己不利。

判斷吉凶：

1. 運氣：不佳，不如意，不宜急進，宜退守以等待好時機。避免與人爭執，爭執定不利。
2. 願望：無法達成。
3. 婚姻：不吉，不會成功。
4. 戀愛：長輩會反對，雖相愛，却沒結果。

5.旅行：難行，中途多障礙，取消吧。
6.交涉：失敗的可能性很大。
7.財運：與人相爭，開銷大，獲利少。
8.尋人：因發生爭執而出走，有危險而且不易找到。尋找的方向可由西方至北方一帶。
9.失物：已經落到他人之手，不易找回來。
10.考試：成績差。
11.開張營業：不宜。
12.改行或遷移：不宜。
13.求職：不成功。
14.子女運：父子間存有岐見，勞碌命。肚中胎兒是男。
15.天氣：不確定之壞天氣。

有變爻時的判斷：

●初爻變：停止訴訟，否則遭殃。
●二爻變：不自量力，與人相爭，一定吃虧。
●三爻變：守本份則平安無事。

●四爻變：停止訴訟，還算不錯。

●五爻變：吉。

●六爻變：訴訟得勝，也有後遺症。

7. ䷆ 地水師・辛苦的領導

「師」就是軍旅的意思。

依照一般常情：「水」寄居於「地」而地上萬物得到滋潤而發育生長。但現在反而地在上而水在下，因此兩者無法調和。比喻社會的人事問題，不肖之徒在上，而賢能者委屈在下。世局動亂不安，必須出「師」以平亂。

判斷吉凶：

1. 運氣：多事多難，起伏不定，可能成功，但也很辛苦。用人必須注意論功行賞。
2. 願望：困難多，耐心努力奮鬥才能達成願望。
3. 婚姻：有問題，不佳。
4. 戀愛：問題太多，不會有結果。

5.旅行：可能有危險，不吉利。
6.交涉：要持久才能成功。
7.財運：需等待才會好轉。
8.尋人：因失和而離家出走者，趕快找回來就平安無事，否則有危險。尋找的方向應在西南方或北方。
9.失物：盜賊拿去了，難找回。
10.考試：成績較差。
11.開張營業：不宜。
12.改行或遷移：不好。
13.求職：沒有希望。
14.子女運：女孩多於男孩。中年辛苦晚年佳。胎兒是女孩。
15.天氣：變化不定。

有變爻時的判斷：

●初爻變：注意紀律，約束自己，以免危險。
●二爻變：吉，有希望。

●三爻變：個人行爲嚴加約束，以免出事。
●四爻變：正確衡量對方虛實，可以不敗。
●五爻變：小心主管不適宜，該換人了。
●六爻變：提防小人，要用君子。

8. ䷇ 水地比・上下和睦相處

「比」是親密的意思，而且和藹可親。

上卦是水，下卦是地。把「水」覆蓋於地面上，即「水」勢必浸入土壤中，相互親近與融合爲一體。

第五爻的「陽」等於君主的地位與其他五個「陰」爻相互親近，打成一片，也就是天子愛護百姓，百姓擁護天子的吉象。

判斷吉凶：

1.運氣：吉祥平安。與他人相處，避免專斷獨行，否則就破壞了大好的吉運。遵照上司指示行事，一定好。同時領導衆人也有好現象。

2.願望：可達成，定有貴人相助。
3.婚姻：大吉之良緣。
4.戀愛：成功。
5.旅行：佳，可獲得利益。
6.交涉：可成，不過要先主動跟對方連絡親近。
7.財運：佳。
8.尋人：不用擔心，不久便水落石出或自動回家。
9.失物：可找到。尋找方向：北方或西南方低處或水邊。
10.考試：成績好。
11.開張營業：吉。
12.改行或遷移：吉。
13.求職：有貴人提拔，前途大好。
14.子女運：兒女孝順。胎兒是男。
15.天氣：晴而後雨。

有變爻時的判斷：

●初爻變：有意外的好消息。
●二爻變：要有誠意，用不著討好別人。
●三爻變：小心口是心非的人包圍著你。
●四爻變：吉，要親近賢能的人。
●五爻變：寬宏大量，吉。
●六爻變：局勢惡化，不吉。

9. ䷈ 風天小畜・密雲不下雨

古時「畜」字與「蓄」字通用，有蓄聚、蓄養、蓄止三種意義。全卦只有四爻爲陰爻，其餘皆爲陽爻，以一陰統蓄衆陽，以小蓄大，所以稱做小畜卦。

上卦的風在天上吹，西天湧起密雲，但是尚未形成造雨的形勢。欲雨而未雨，有如一個人心情壓抑却尚未發洩的苦悶。

判斷吉凶：

1.運氣：阻塞障礙多，萬事不如意。不要悲觀自暴自棄，期待烏雲散開見太陽。

2.願望：有障礙，無法達成。
3.婚姻：阻礙多，暫時忍耐待機而行。
4.戀愛：障礙多，不易成功。勉强則悲劇下場。
5.旅行：有問題，最好中止。
6.交涉：没有結果，徒然焦慮。
7.財運：不佳。
8.尋人：因家庭不和而出走之象，不易找到。尋找方位：東南方或西北方。
9.失物：不易找出，可翻開某種東西下面看看。
10.考試：成績差。
11.開張營業：不吉。
12.改行或遷移：不吉，暫時不要。
13.求職：無希望。
14.子女運：孩子多牽掛而勞碌。晚年有福。胎兒是女。
15.天氣：陰而後雨。

有變爻時的判斷：

●初爻變：隨機應變，吉。
●二爻變：不要偏激，中庸行事則吉。
●三爻變：小心夫妻不合，不吉。
●四爻變：有驚無險。
●五爻變：善與人同。
●上爻變：小人當權，小心言行。

10 ䷉ 天澤履・踏到虎尾巴

履字作踐履的意義解，是踏、力行、實踐的意思，也就是比喻踩到老虎尾巴的危險。世界上縱然遇到來勢凶猛的人，只要你用柔和謙遜的態度應付他，也絕無加害你的道理。所以雖然像處於踩到老虎尾巴的危險中，只要以柔克剛，仍能不爲老虎咬到而得到平安。

判斷吉凶：

1.運氣：處於困難危險的環境中，只要以柔順的態度應付，便能得到平安。要謙虛耐心等待有利時機的到來。前進不利，退守則吉。

2.願望：難成功，要耐心等待。
3.婚姻：雖然不錯，只怕障礙多。
4.戀愛：雖有挫折，只要愛情長跑持久下去，也能成功。
5.旅行：有困難與危險，最好再三考慮。
6.交涉：要以柔軟態度交涉，剛强則失敗。
7.財運：避免金錢損失。
8.尋人：此時有生命危險，要急速尋到。尋找方向：西方至北方之間。
9.失物：被遺忘掩蓋在某樣東西下面，耐心找尋便可找到。尋找方向：西方或北方。
10.考試：成績剛好及格。
11.開張營業：有困難。
12.改行或遷移：不佳，暫等時機爲妙。
13.求職：無法馬上找到，耐心等吧！
14.子女運：先勞苦後幸福。胎兒是女。
15.天氣：天氣最初良好，後轉壞。

有變爻時的判斷：

●初爻變：不要作非份希求。
●二爻變：吉，要固守意志，不受動搖。
●三爻變：心志剛强，堅持原則，大有可爲。
●四爻變：要小心謹愼，才能免於危險。
●五爻變：要當機立決，斷然而行，不可優柔寡斷。
●六爻變：大吉。

11 ䷊ 地天泰·順風行船好

乾下坤上，「天」氣下降，地氣上升，爲通泰之象。

人際關係上，天是上司、丈夫，地是部下或妻子。上司部下、夫妻都融洽相合，在公司上下一心成爲一體。

內卦「乾卦」代表君子，外卦代表小人。也就是君子居內而被重用，小人被摒棄在外而退却。於是國家太平而得到安泰。

吉凶判斷：

1.運氣：喜事臨門，萬事如意。前途發展與業務繁榮。切忌運氣太好而驕傲或過份鬆懈與怠慢，否則壞運。

2.願望：順利。

3.婚姻：和好順利，鸞鳳和鳴。

4.戀愛：情投意合，但不可太大意。

5.旅行：一路平安。

6.交涉：順利，但要專心。

7.財運：佳。

8.尋人：有感情的關連，躲在知己朋友或親戚家裡，不久可以找到。尋找方向：西南方或西北方。

9.失物：藏到某種東西裡面，不久可以找到。

10.考試：成績良好，但提防小差錯。

11.開張營業：吉。

12.改行或遷移：吉。

13.求職：順利。

14.子女運：不能放縱子女。胎兒是女。

15.天氣：晴而後雨。

有變爻時的判斷：

●初爻變：融洽，吉。

●二爻變：只要不過分與不及，中道而行，吉。

●三爻變：吉，天地循環。

●四爻變：要善與人同，則吉。

●五爻變：禮賢下士，吉。

●上爻變：時運由盛而衰，只宜自保。

12 ䷋ 天地否・大門關閉了

「否」就是閉塞不通的意思。「天」在上而且陽氣上升，「地」在下而且陰氣下降。陰陽二氣相隔絕而不暢通。一方面乾卦的君子位於外卦，被排斥在外，內卦的坤卦代表小人而居於內，並且得勢。於是道不能行（閉塞不通），而天下大亂。

吉凶判斷：

1.運氣：困難多，萬事不如意。有小人加害，須小心謹慎。但不要悲觀，要退一步想，以待好運來。

2.願望：不成。

3.婚姻：不吉。

4.戀愛：不吉，被拒於外。

5.旅行：困難與障礙多，最好取消旅行計劃。

6.交涉：不成，會破裂。

7.財運：不佳。

8.尋人：感情不和或因失戀而離家出走，生命危險或去向不明。

9.失物：找不出來，已經被別人拿走了。

10.考試：成績不佳。

11.開張營業：不佳。

12.改行或遷移：不得時機。

13.求職：没希望。

14.子女運：父子或母子間有紛岐，多苦多勞。胎兒是女。

15.天氣：惡劣。

有變爻時的判斷：

●初爻變：忠於長上，則吉。

●二爻變：委曲求全，以求自保。

●三爻變：要肚大包容。

●四爻變：確信眞理，扭轉壞運。

●五爻變：領導順利，吉。

●上爻變：一時壞運，最後好運。

13 ䷌ 天火同人・努力向上

天在上，火勢是向上的，人心也總是愛好上進的，故離下乾上，名爲同人卦。

「同人」也是相親近的意思。

吉凶判斷：

1.運氣：萬事如意。與人共同經營事業可成功。要廣結人緣，避免與人發生爭執。
2.願望：可成。有貴人相助。
3.婚姻：和好之良緣。
4.戀愛：倆相思，必然成功。
5.旅行：一路平安，有朋相伴。
6.交涉：開始時有困難，但終會成功。
7.財運：佳。有貴人相助。
8.尋人：不久自己會回來或知道他的去處。
9.失物：可以找到。
10.考試：成績好。
11.開張營業：吉。
12.改行或遷移：吉。
13.求職：有人相助。
14.子女運：兒女多，上下融洽幸福。胎兒是男。
15.天氣：晴。

有變爻時的判斷：

●初爻變：善與人同，吉。

●二爻變：吉，但不能自私。

●三爻變：不可以下犯上。

●四爻變：吉，但不能與人相爭。

●五爻變：以理服人，不用武力。

●上爻變：宜守不宜進。

14 ☲☰ 火天大有・白天的太陽

大有的「大」表示盛大，「有」表示富有，合起來就是盛大富有的意思。上卦「離」代表太陽，下卦「乾」代表天，合則是天上有太陽普照萬物。

同時「離」卦表示夏天萬物旺盛的季節，「乾」卦表示秋天成熟收成的季節。上下兩卦都表現豐盛富有的意思。

吉凶判斷：

1.運氣：大吉。但小心隱藏著盛極必衰的預兆。言行要謹慎，以確保好運的繼續開展。
2.願望：可成。但要謹慎。
3.婚姻：吉。與富有家庭聯婚之可能。
4.戀愛：成功不成問題，但不能太驕傲，否則導致破裂。
5.旅行：吉。
6.交涉：要採積極態度就會成功。
7.財運：佳。
8.尋人：遠走高飛之象。有金錢與色情糾紛，須快找以免延誤時效。尋找方向：南方或西北方。
9.失物：可以找到。方向：南方或西北方高處。
10.考試：成績好。
11.開張營業：吉。
12.改行或遷移：吉。
13.求職：順利。
14.子女運：兒女將有成就，但不可太寵愛。胎兒是女。
15.天氣：晴天，但有轉壞之現象。

有變爻時的判斷：

●初爻變：不佳。
●二爻變：肚大能容，吉。
●三爻變：不吉，要小心。
●四爻變：小心謹愼，避免招忌。
●五爻變：吉。
●上爻變：大吉。

15 ䷎ 地山謙・謙虛的稻穗

「謙」就是謙虛不誇張。上卦「坤」代表「地」，下卦「艮」代表山，具有山那麼高的本事，而能謙虛屈居於「地」之下。

本卦跟在火天大有卦之後，表示地位愈高愈富有的人要謙虛，不然不會長久。

一如成熟的稻穗，愈會把頭兒垂下來。

吉凶判斷：

1.運氣：萬事如意。如果不謙虛，反而驕傲橫行，則容易招到禍害。
2.願望：誠實待人容易成功，我行我素則容易失敗。
3.婚姻：幸福。
4.戀愛：喜。
5.旅行：平安。
6.交涉：進行時要謙虛。
7.財運：好。
8.尋人：不久會自動回家，不用擔心。
9.失物：能找到。尋找方向：東北或西南方的某種東西的下面。
10.考試：成績好。
11.開張營業：吉，但不可太匆忙準備不夠。
12.改行或遷移：不可太倉促。
13.求職：沒問題。
14.子女運：兒女孝順。胎兒是男。
15.天氣：良好。

有變爻時的判斷：

●初爻變：謙虛，吉。

●二爻變：吉。心安理得。

●三爻變：吉。謙虛頗得人緣。

●四爻變：謙虛則吉。

●五爻變：小心與人口角。

●六爻變：小心自己言行。

16 ䷏ 雷地豫・春雷來臨

豫字可解作「準備」、「悅樂」、「懈逸」三種意思。卦象則以悅樂爲主。震在坤上，爲雷出地面，陽氣散發，萬物欣欣向榮。

吉凶判斷：

1.運氣：如意，喜氣洋洋，但是不能因此而散漫，流連於歡樂場所，招致壞運與勞苦。小心小偸闖空門。

2.願望：謹愼從事有成功希望。
3.婚姻：吉。
4.戀愛：可成功。但雙方不可我行我素。
5.旅行：吉，旅途上要小心小偷。
6.交涉：要充分準備，才能成功。
7.財運：佳。
8.尋人：流連在歡樂場所。要速去尋找，不可任其墮落下去。尋找方向：東方或西南方。
9.失物：遺失或者被偷。時間躭誤太久就找不回來了。
10.考試：成績好，但必須繼續努力。
11.開張營業：吉。
12.改行或遷移：吉。
13.求職：會得到貴人相助。
14.子女運：孩子雖好但不可放任。胎兒是男。
15.天氣：良好。

有變爻時的判斷：

●初爻變：志得意滿，則凶。
●二爻變：吉。
●三爻變：要反省自己，否則有凶事發生。
●四爻變：要誠意，才有朋友相助。
●五爻變：先提防，可以避免災難。
●上爻變：不要貪圖安樂，便可好轉。

17 ䷐ 澤雷隨・過時的雷鳴

上卦為兌，兌為少女，下卦為震，震為長男，震下兌上，為以剛下柔，屈己隨人，象徵一個壯漢服服貼貼的跟隨年輕的女性。

依卦形加以分析：上卦有兩個陽爻跟隨著一個陰爻，下卦有一個陽爻跟隨二個陰爻，統統表現「跟隨」的意思。

吉凶判斷：

1.運氣：尊重他人的意見，不要專斷獨行則吉。借助他人的力量便可成全大事業。

2.願望：有貴人相助，但成功較晚些。
3.婚姻：可能拖延時間，但最後還是成功。
4.戀愛：可成。但不可沈迷於肉慾的滿足，否則感情破裂。
5.旅行：與伴同行吉，單獨不佳。
6.交涉：請別人去助陣。
7.財運：拖延時日，但有貴人相助，吉。
8.尋人：不久可發現。尋找方向：東方或西方。
9.失物：能找到，可能混雜在某種東西中。尋找方向：東方或西方。
10.考試：成績好。
11.開張營業：吉。
12.改行或遷移：吉。
13.求職：有長輩幫助定順利。
14.子女運：父母與兒子間感情好，但不能我行我素。胎兒是女。
15.天氣：目前惡劣，會轉好。

有變爻時的判斷：

●初爻變：與人交往，吉。
●二爻變：不能太貪心，腳踏兩條船，則凶。
●三爻變：捨大失小。
●四爻變：但求明哲保身。
●五爻變：吉。
●上爻變：遵從天意，可遠離災禍。

18 ䷑ 山風蠱・盤中生蛆

「蠱」就是皿碟中的食物腐敗生蟲的意思。

上卦「艮」爲少男，象徵陽剛，下卦「巽」爲長女，象徵陰柔，上剛下柔，剛爻橫阻於上，柔爻被阻於下，動彈不得，有如器皿棄置不用，難免日久壞掉了。

又上卦爲山，下卦爲風，山下有風，則草木零亂，也是敗壞現象，所以叫做「蠱」卦。

吉凶判斷：

1.運氣：大凶。又得提防內憂、病痛、桃色糾紛。

2.願望：難成。

3.婚姻：不成，障礙多。

4.戀愛：關係複雜，煩惱多。

5.旅行：阻礙多，最好不要去。

6.交涉：會觸礁，難成功。

7.財運：不佳。

8.尋人：家庭不和或品行不良出走的現象。小心生命危險。尋找方向：東方爲主，北方與南方次之。

9.失物：放在某種東西下面或箱底，如不加緊尋找就找不回來了。尋找方向：東南方或東北方。

10.考試：成績差。

11.開張營業：目前不佳。

12.改行或遷移：暫時不要。

13.求職：徒勞無功。

14.子女運：兒女品行皆差，惹事生非，父母煩惱，必須用嚴厲態度糾正。胎兒是男。

15.天氣：惡劣。

有變爻時的判斷：

●初爻變：先凶後吉。
●二爻變：不能太專斷獨行，否則招凶。
●三爻變：只要精誠所至，便可轉危爲安。
●四爻變：凶。
●五爻變：解決困難，重振家聲。
●六爻變：功成身退，吉。

19 ䷒ 地澤臨・居高監視

「臨」就是「居高臨下」的意思。地面高於沼澤，有居高臨下的現象，「臨」字，也可以當作「監督」的意思。

一方面「兌卦」可以當作「喜悅」講，上卦「坤卦」可當做「順從」。合起來就是：在下的人很高興把自己的意見向上反映與要求，在上者順乎部屬的意見而給予恩澤，相得益彰，所以取名爲「臨」卦。

吉凶判斷：

1.運氣：萬事亨通，前途充滿了光明與希望。得意忘形則破壞大好運氣。社交要圓滑謙虛。

2.願望：可成。

3.婚姻：幸福。

4.戀愛：成功。

5.旅行：可行。

6.交涉：要隨機應變，速戰速決。

7.財運：佳，但不可太性急。

8.尋人：不久將自動回家，或知道下落。尋找方向：西方或東方。

9.失物：可以找到。夾在某種東西裡面或遺忘在靠水的地方。尋找方位：東方或西方。

10.考試：成績好。

11.開張營業：吉。

12.改行或遷移：吉。

13.求職：可成。

14.子女運：兒女溫恭孝順，但不能溺愛。胎兒是女。

15.天氣：良好。

有變爻時的判斷：

●初爻變：吉。

●二爻變：吉。

●三爻變：要小心謹慎，便無過失。

●四爻變：吉。

●五爻變：不剛愎自用，則吉。

●六爻變：吉。

20 ䷓ 風地觀・風吹大地

「觀」字有觀瞻或示範的意思。所謂「觀」就是由下往上仰瞻之意。

下卦「坤」代表「人民」，上卦「巽」代表「號令」。所以君主在上發號施令即萬民瞻仰之意。

吉凶判斷：

1.運氣：盛極必衰，有危險來臨，宜小心。運氣多波折。

2.願望：暫時不行，要等機會。

3.婚姻：困難多。

4.戀愛：有波折。

5.旅行：障礙多，最好不去。

6.交涉：小心小人陷害。

7.財運：不能太急。

8.尋人：到處流浪，不知去向，有生命危險。尋找方向：東方或西方。

9.失物：他人拿去，不易找到。

10.考試：成績差。

11.開張營業：不佳。

12.改行或遷移：不佳，要暫時等待。

13.求職：困難多，要耐心等待好機會。

14.子女運：兒女多煩惱。胎兒是女。

15.天氣：風强，不久將下雨。

有變爻時的判斷：

●初爻變：眼光要正確，不要看錯人。

●二爻變：見識淺薄，會喪失信用。

●三爻變：不可冒然行動，要三思後行。

●四爻變：爲團體利益著想。

●五爻變：反省自己，沒有過錯。

●六爻變：大吉。

21 ䷔ 火雷噬嗑・口齒咬合

「噬嗑」爲口齒咬合的意思。初爻上爻兩爻，象徵兩唇，二、三、五爻，象徵牙齒，九四一奇爻，橫貫上下齒之間，必須把他咬斷，張開的口方能合攏，所以名爲噬嗑卦。

吉凶判斷：

1. 運氣：不如意之時機，你必須以强硬果敢的態度排除萬難，勇往邁進，才能達成目的。
2. 願望：有阻礙，不易達成目的，要用强硬的態度力行，才能排除萬難。

3.婚姻：波折多。如果兩人同心協力，應該沒有問題。
4.戀愛：波折多。
5.旅行：障礙多，最好取消。
6.交涉：困難多。
7.財運：若能排除困難，可獲得意外的利益。
8.尋人：因爭執或重大事件而出走，有生命危險。
9.失物：混夾在某種東西中，趕快去找才能找到。尋找方向：南方或東方。
10.考試：成績差。
11.開張營業：有阻礙。
12.改行或喬遷：有阻礙。
13.求職：困難多，只要積極便有希望。
14.子女運：兒女反抗父母多煩惱，要用果斷態度來管教兒女，將來才會幸福。胎兒是女。是男嬰
可能難產。
15.天氣：險惡後轉晴。
有變爻時的判斷：

●初爻變：痛下決心排除困難，則吉。
●二爻變：要武力解決。
●三爻變：强大阻力在前。
●四爻變：排除萬難，則吉。
●五爻變：排除萬難，有意想不到的利益。
●六爻變：不聽忠告，則凶。

22 ䷕ 山火賁・夕陽照耀的山

「賁」就是裝飾或彩色的意思。上卦「艮」代表山，下卦「離」代表火。所以合起來就是山下有火。

「賁」是外表裝飾的意思，雖然外表美麗，內容不配合也没意義。本卦只有短暫、外表之美。

吉凶判斷：

1.運氣：外表美觀而內在空虛，所以要先充實內在，才有好運氣。要提防小人誹謗。

2.願望：小希望可成，大願望難講。
3.婚姻：雖可成，小心以後會分離。
4.戀愛：不能盼望過高，注意對方眞正底細。
5.旅行：短程的旅行可以，但不可遠行。
6.交涉：光靠外表的談判，不會有進展。
7.財運：賺小錢。
8.尋人：不久可找到。尋找方向：躲在南方或東北方的親戚朋友家裡。
9.失物：可以找到，放在某種東西中，尋找方向：南方或東北方。
10.考試：好。
11.開張營業：量力而行則吉。
12.改行或喬遷：吉。
13.求職：可得，但條件過高則必敗。
14.子女運：不可放縱兒女，小心身體。胎兒是女。
15.天氣：天晴，但並不長久。

有變爻時的判斷：

●初爻變：小心車輛。
●二爻變：不可獨力作戰，要請人幫忙。
●三爻變：吉。
●四爻變：吉，婚大吉。
●五爻變：禮賢下士，吉。
●六爻變：吉。

23 ䷖ 山地剝・崩潰的山

「剝」爲剝削耗蝕的意思。

本卦只有一個陽爻，其餘五個陰爻逐漸向下裂開。上卦代表山，下卦代表地。也就是象徵下雨時，山上的土壤被雨冲下逐漸成爲平地的意思。

吉凶判斷：

1.運氣：窮困衰亡之壞運。要謹愼退守，並提防桃色糾紛，被人陷害。

2.願望：難成，必須等待。

3.婚姻：不佳。
4.戀愛：悲劇。
5.旅行：可能有災難，最好取消。
6.交涉：難成功，要延期。
7.財運：不佳，有損失。
8.尋人：有危險，必須全力尋找。尋找方向：東北或西南方的山上或水邊。
9.失物：被偷走或遺失，找不回來了。
10.考試：成績差。
11.開張營業：凶。
12.改行或遷移：凶，暫緩施行。
13.求職：難成。
14.子女運：家庭不和。胎兒是女。
15.天氣：惡劣。

有變爻時的判斷：

●初爻變：凶。

●二爻變：凶。
●三爻變：半吉凶。
●四爻變：凶，災害迫近。
●五爻變：要迎合別人，則吉。
●六爻變：損人不利己，則凶。得民心則吉。

24 ䷗ 地雷復．春天回來

「復」有循環往復的意思。這個卦的形狀，是一陽在下逐漸往上升，把上面的陰爻劃開左右兩邊。所謂陽氣復甦，而萬物得到生機。

地下有雷，春雷將響，溫暖又回到了地上，迎接初春的來臨。

吉凶判斷：

1.運氣：好運在前頭，要計劃美好的將來。
2.願望：成功有希望。
3.婚姻：不用急，按步來即可成。

4.戀愛：性急會失敗，有恒便成功。
5.旅行：可。
6.交涉：要反復交涉便可成功。
7.財運：成功有望，但不可急躁。
8.尋人：短時間內可能自動回家或知道下落。尋找方向：東方或西南方。
9.失物：能找到，耐心往東方或西南方找。
10.考試：有進步。
11.開張營業：吉。
12.改行或遷移：吉。
13.求職：吉。
14.子女運：子女多，男多女少。先勞苦後幸福。男孩定有成就。胎兒是男。
15.天氣：逐漸晴朗。

有變爻時的判斷：

●初爻變：吉。
●二爻變：吉。

●三爻變：要小心，才算吉。
●四爻變：不要被壞人左右。
●五爻變：要自我反省，改過向上。
●上爻變：凶。

25 ䷘ 天雷无妄・自然天道

「无」就是「没有」的意思。「妄」是事物的忽生忽滅，變化無常。合起來「无妄」就是没有變化無常，換句話說，就是眞實至誠的意思。

「乾卦」代表天，「震卦」代表「動」的意思，加起來就是「天道運行」的現象。我們要順乎自然而不是人爲，不帶絲毫勉强的意思。

吉凶判斷：

1.運氣：順乎自然，眞誠待人處事，千萬不可沉醉於個人利益與滿足本身慾望，否則有災難發生。同時暗示：退守卽吉，急進卽凶。還有意外發生。

2.願望：眞誠全力以赴則成功，否則必敗。

3.婚姻：至誠則成功，夫妻也幸福。
4.戀愛：虛僞互相欺騙會失敗，眞誠則成功。
5.旅行：爲私利慾望旅行不佳。
6.交涉：順其自然，不要著急。
7.財運：要全力以赴，方能進財。
8.尋人：遠走高飛現象，趕緊尋找。方向：東方或西北方。
9.失物：不小心遺失，不易找回。
10.考試：要用功才有好成績，靠猜題成績差。
11.開張營業：不要勉强急進。
12.改行或遷移：不可急躁。
13.求職：有誠意才有希望。
14.子女運：幸福，不可溺愛，反而破運不良後果。胎兒是男。
15.天氣：雷雨交加。

有變爻時之判斷：

●初爻變：吉。

●二爻變：不計收穫，要爲人眞正服務。
●三爻變：凶，有災禍。
●四爻變：不要作非分之想。
●五爻變：小心疾病，不可亂服藥。
●上爻變：冒然行動，則凶。

26 ☶☰山天大畜・稻穀滿倉庫

「畜」與「蓄」字通用，有「蓄聚」、「蓄養」、「蓄止」三種意思。天在下，山在上，「乾」與「艮」皆是陽卦，以陽蓄陽，大而愈來愈大的現象。「畜」是豐收，倉庫裡堆滿穀物。

吉凶判斷：

1.運氣：大有發展，事業可展鴻圖。
2.願望：可成。
3.婚姻：有好現象。

4.戀愛：可開花結果。
5.旅行：吉。
7.交涉：堅持，可成。
8.財運：可聚財。
9.失物：遺忘在某樣東西下面，可找到。方向：東北方或西北方。
10.考試：有好成績。
11.開張營業：吉。
12.改行或遷移：可。
13.求職：可成。
14.子女運：有漸好幸福現象。胎兒是男。
15.天氣：將晴朗。

有變爻時的判斷：

●初爻變：不宜急躁，否則有困難。
●二爻變：適可而止，吉。
●三爻變：同心協力，有作爲。

●四爻變：吉。
●五爻變：以柔克剛，則吉。
●上爻變：順天行事，吉。

27 ䷚ 山雷頤‧上顎下顎咬

「頤」就是下顎的意思，也有頤養的意思。

本卦卦形：上爻與初爻爲陽，恰似上下嘴唇，中間夾了四個陰爻，形狀像牙齒。

吉凶判斷：

1. 運氣：要識時務，靜靜等待時機。
2. 願望：成敗與否要看自己的努力。
3. 婚姻：小心對方的健康，要誠意才成功。
4. 戀愛：不要錯估對方，理智冷靜，才能知道對方底細。
5. 旅行：旅途上要小心飲食衞生。
6. 交涉：要小心言辭，以美食先塡飽對方肚子。

7.財運：上下起伏不定。
8.尋人：還沒遠走，藏在鄰近地方。尋找方向：東方至北方。
9.失物：遺失在屋內，在某樣東西下面。尋找方向：東方或東北方。
10.考試：一方面要用功，一方面要注意身體的健康。
11.開張營業：不用急。
12.改行或喬遷：不得時機，要等待。
13.求職：無法馬上得到，須等待。
14.子女運：過份溺愛會害了子女，小心兒女健康。胎兒是男孩。
15.天氣：不好。

有變爻時的判斷：

●初爻變：凶。
●二爻變：一意孤行，凶。
●三爻變：人緣不佳，凶。
●四爻變：爲別人服務，吉。

●五爻變：柔則吉。

●六爻變：小心謹愼，吉。

28 ䷛澤風大過・包袱太重

「大過」就是太大而過份的意思。「陽」代表大，「陰」代表「小」。本卦含有四個「陽」與兩個「陰」，相形之下顯得過大。

上卦是「兌」，代表沼澤，下卦「巽」代表「樹木」，水太多，把樹木淹沒了。非但失去了滋潤的好處，而且會讓樹木萎死，也就是大過的意思。

吉凶判斷：

1.運氣：責任太重，理想過高，力不從心，反而有挫折感，應該量力而爲，轉危爲安。小心文書上錯誤及水災。

2.願望：期望太高反而不能達到願望。

3.婚姻：不佳。

4.戀愛：難成。
5.旅行：小心有危險，最好取消。
6.交涉：負擔太重，要請人跟你同去交涉。
7.財運：不佳。
8.尋人：遠走高飛，不容易找到，要趕快找。尋找方向：西方或東南方。
9.失物：小東西可找囘，大而貴重的東西，不易找囘。方向：西方或東南方。
10.考試：碰到難題，成績不佳。
11.開張營業：量力而爲，吉。
12.改行或遷移：量力而爲，可也。
13.求職：困難多，難成。
14.子女運：兒女多，養育困難，與子女感情要互相溝通，方能幸福。胎兒是男。
15.天氣：天晴，不久將變化。

有變爻時的判斷：

●初爻變：吉。

●二爻變：吉，婚姻特佳。
●三爻變：凶，不能過剛。
●四爻變：吉。
●五爻變：運氣漸轉壞。
●上爻變：有危險，要小心。

29 ䷜ 坎爲水・危險的漩渦

「坎」是艱難危險的意思。本卦上下都是「坎卦」，可以說是危險中的危險。而且「坎卦」代表水，上下皆水，水量過多，易生危險。這是四大難卦之一。（屯、坎、蹇、困，稱爲四難卦。）

吉凶判斷：

1.運氣：大凶之時運，要忍耐與培蓄自己的實力，以等待壞運氣過去，好運氣來臨。

2.願望：困難多，難達成。

3.婚姻：障礙多，難成。
4.戀愛：愛的路上風波多，要小心。
5.旅行：有凶象，特別要有水的地方，最好不去。
6.交涉：難有結果。
7.財運：不佳，小心有損失。
8.尋人：有危險，必須趕快找回來。方向：北方的水邊。
9.失物：被偷走或遺失了，不容易找回來了。
10.考試：成績差。
11.開張營業：凶，暫緩開張。
12.改行或喬遷：凶，等待好時機吧！
13.求職：難成功。
14.子女運：養兒育女困難重重而且勞累，要以特別的愛心去教養，才有幸福的將來。胎兒是男，但小心難產。
15.天氣：連續的雨天。

30 ☲☲ 離爲火・陽光普照

「離」字作光明的意思，又與「麗」字通用，解釋作「附著」的意思。

上下卦都是火，表示明亮的太陽普照大地，有大好的運勢。

吉凶的判斷：

1. 運氣：和順，尊重他人的意見，就能獲得大好時運。
2. 願望：可成，但要考慮到別人。
3. 婚姻：吉。
4. 戀愛：吉，但不可太性急。
5. 旅行：吉，但要小心行動。
6. 交涉：不宜太衝動，要冷靜處理。
7. 財運：佳。小心投資過度，則容易損失。
8. 尋人：受誘騙而離家。尋找方向：南方。

9.失物：附在某樣東西上，要冷靜去找。尋找方向：南方。
10.考試：成績好，但不可以太大意。
11.開張營業：宜，但不可草率。
12.改行或遷移：可，但不可太匆忙。
13.求職：不要急，有長輩會幫忙。
14.子女運：子女衆多的現象。胎兒是女。
15.天氣：天氣炎熱。

有變爻時的判斷：

●初爻變：謹愼則吉。
●二爻變：中庸行事，大吉。
●三爻變：逐漸轉壞，凶。
●四爻變：聰明誤事，反而凶。
●五爻變：吉。
●上爻變：行動要正當，吉。

31 ䷞ 澤山咸・心心相印

「咸」與「感」同義。心與心的接觸，心電感應，最後合而爲一的意思。下卦「艮」代表少年，上卦「兌」代表少女。少年與少女彼此互相感應。同時「兌卦」代表「喜悅」，「艮卦」代表「停止」，合起來的意思就是「得到了喜悅，心滿意足的停留下來」。

吉凶判斷：

1. 運氣：萬事如意之好運氣。
2. 願望：能成功。
3. 婚姻：大吉之良緣。
4. 戀愛：成功是沒問題。
5. 旅行：可。
6. 交涉：會成功。
7. 財運：好。
8. 尋人：有桃色糾紛，不久將找到。方向：東北或西北方。
9. 失物：跟某種東西混在一起。尋找方向：東北或西北方。

10.考試：成績好。
11.開張營業：吉。
12.改行或遷移：可。
13.求職：順利。
14.子女運：家庭幸福。胎兒是女孩。
15.天氣：下雨。

有變爻時的判斷：

●初爻變：向外發展，則吉。
●二爻變：衝動則凶，安靜則吉。
●三爻變：善與人同，委屈求全，不可自作主張。
●四爻變：自私則凶，爲公則吉。
●五爻變：不可播弄是非，引來禍害。
●上爻變：小心口舌之災。

32 ䷟ 雷風恒・平穩不變

恒有「經常」、「長久」的意思。上卦「震」代表動，向外的發展，下卦「巽」代表風，向內的發展，雷在上爲外，風在下爲內。象徵各居本位，各循常軌發展，由來如此，永恒也是如此。

吉凶判斷：

1.運氣：謹守崗位，不可輕舉妄動。不動則吉，動則凶。
2.願望：能達成。
3.婚姻：吉。
4.戀愛：有好的結果。
5.旅行：可以。
6.交涉：沒有變化。
7.財運：平平。
8.尋人：尋找雖費時，但可找到。方向：東南方。
9.失物：遺忘在屋內，耐心去找便可找到。方向：東南方。
10.考試：跟平常一樣好。
11.開張營業：不宜，最好維持現狀。

12.改行或遷移：不宜，最好維持現狀。

13.求職：可。

14.子女運：幸福，良好。胎兒是男。

15.天氣：穩定，好。

有變爻時的判斷：

●初爻變：過於衝動，凶。

●二爻變：有悔恨，改過便好了。

●三爻變：小心小人中傷。

●四爻變：無收穫，一事無成。

●五爻變：要理智斷事，否則凶。

●上爻變：凶。

33 ䷠ 天山遯・後退一步

「遯」有「逃避」與「退隱」的意思。

上卦「乾卦」代表「天」，下卦「艮卦」代表山。山很高想接近天，而「天」却又更高更躲得遠了。

乾卦代表父親，艮卦代表少年，陽爻代表君子，陰爻代表小人。合起來卽是老父退休少年繼承，或小人得勢君子退隱的現象。所以取爲「遯」卦。

吉凶判斷：

1.運氣：運氣逐漸衰退。言行要小心謹愼，並提防小人陷害，招惹官司。

2.願望：難成。

3.婚姻：凶。

4.戀愛：不成。

5.旅行：要小心，最好別去。

6.交涉：難成功。

7.財運：不佳，怕有虧損。

8.尋人：家庭有問題離家出走的現象，下落不明難找。

9.失物：被別人拿去了，難找囘。

10.考試：成績差。

11.開張營業：不佳。
12.改行或遷移：暫緩變動。
13.求職：不成，須等待。
14.子女運：子女不孝或有兒女虛弱現象。胎兒是男，要提防小產。
15.天氣：逐漸變壞。

有變爻時的判斷：

●初爻變：時機不佳，少意氣用事。
●二爻變：謹言慎行，以免招禍。
●三爻變：提防小人，小事還可做，大事要小心。
●四爻變：潔身自愛，吉；苟求私利，則凶。
●五爻變：心正，吉。
●六爻變：遠隔小人，則吉。

34 ䷡ 雷天大壯・快跑的馬

「大壯」的「大」代表陽，「壯」就是強盛的意思，大壯就是陽性特別強的意思。

下卦「乾」代表天，上卦「震」代表雷。雷聲隆隆在天上，勢不可擋。

吉凶的判斷：

1.運氣：運氣非常盛，雖順利但避免言行過份，招惹是非。要謙虛與容忍。

2.願望：可成。

3.婚姻：成功，但夫婦要相敬如賓。

4.戀愛：成功，但彼此要爲對方著想。

5.旅行：可，但途中不可言行過份，樂極生悲。

6.交涉：可成。

7.財運：好。

8.尋人：有遠走高飛的現象。很難知道下落。

9.失物：難找到。尋找方向：南方或西南方。

10.考試：成績好。

11.開張營業：可。

12.改行或喬遷：可。

13.求職：可成，但不可太恃才傲物。

14.子女運：兒女多倔强，小心家庭不和。胎兒是男。

15.天氣：轉好。

有變爻時的判斷：

●初爻變：專斷獨行，凶。

●二爻變：言行適中，吉。

●三爻變：過份行動，徒勞無功。

●四爻變：正義戰勝邪惡，吉。

●五爻變：和順，則吉。

●六爻變：識時務，則吉。

35 ䷢ 火地晉・希望的曙光

「晉」是太陽出現萬物生長前進的意思。

上卦「離」，代表太陽，下卦「坤」代表大地。太陽出現在地面上，大放光明，萬物獲得進展的好機會。

吉凶判斷：

1. 運氣：大吉之好運。

2. 願望：可成。

3. 婚姻：大吉。

4. 戀愛：成功。

5. 旅行：吉。

6. 交涉：可成。

7. 財運：佳。

8. 尋人：有遠走高飛的現象，但不久就可找到。

9. 失物：能找到。尋找方向：南方或西南方。

10. 考試：成績好。

11. 開張營業：大吉。

12. 改行或喬遷：吉。

13. 求職：可成，有長輩提拔更好。

14.子女運：兒女聰明孝順，家運興隆。胎兒是女孩。
15.天氣：晴。

有變爻時的判斷：

●初爻變：吉。
●二爻變：吉。
●三爻變：得人緣，吉。
●四爻變：自不量力，危險。
●五爻變：知道進退，吉。
●六爻變：小心約束自己，避免招禍。

36 ䷣ 地火明夷・落地的太陽

「夷」作「傷害」與「誅滅」的意思，明是代表太陽。明夷就是太陽掉在地下，陷於黑暗的意思。

「坤」代表地，「離」代表火。火在高處才能照耀遠處，但是現在却落在地下了，呈現昏暗的狀態，也就是明夷的意思。

吉凶判斷：

1.運氣：艱難之壞運。必須忍耐，等待好時機來臨，小心火災，眼睛身體受傷。

2.願望：難達成。

3.婚姻：不成功。

4.戀愛：障礙多，不成功。

5.旅行：中途可能會發生意外，最好取消。

6.交涉：難成。

7.財運：不佳。

8.尋人：藏在附近。尋找方向：西南方或南方。

9.失物：遺忘被藏在某種東西下面，向西南方找去。

10.考試：成績差。

11.開張營業：凶。

12.改行或遷移：凶。

13.求職：暫時無希望，需等待一段時間。

14.子女運：兒女多牽掛多拖累，要教養好才有成功與幸福。胎兒是女，有難產的危險可能。

15.天氣：接連的壞天氣。

有變爻時的判斷：

●初爻變：小心口舌之災。

●二爻變：吉。

●三爻變：不能圖一時的功利。

●四爻變：出外，吉。

●五爻變：堅持原則，吉。

●六爻變：先吉後凶。

37 ䷤ 風火家人・守家的女人

「家人」就是一家人的意思。

本卦卦形，五爻的陽爻居於外卦中間，適得其所，二爻的陰爻居於內卦中間，也是適得其所。丈夫在外工作，妻子在內料理家事，也就是陰陽互應，家道欣欣向榮，所以取名為「家人」卦。

吉凶判斷：

1.運氣：欣欣向榮之大吉運，但要安守本份。
2.願望：能力範圍內的，會達成。
3.婚姻：吉。
4.戀愛：吉。
5.旅行：最好全家人同行。
6.交涉：和諧，可成。
7.財運：吉。
8.尋人：不用耽心，不久會回來。
9.失物：遺忘在室內，不久可找到。尋找方向：東南方。
10.考試：成績好。
11.開張營業：吉。
12.改行或遷移：最好維持現狀，不宜改變。
13.求職：順利。
14.子女運：兒女衆多，而且孝順溫和，家運興隆。胎兒是女，平安生產。

15.天氣：好。

有變爻時的判斷：

●初爻變：吉，但要預防事情發生。

●二爻變：謙虛，則吉。

●三爻變：不可玩笑處事，否則凶。

●四爻變：大吉，專心於家事可賺錢，可兼副業。

●五爻變：吉，幸福家庭。

●六爻變：要有威望，以身作則，吉。

38 ䷥ 火澤睽・兩人背向爲敵

「睽」，有乖違，二者不相容，背道而馳的意思。

上卦火往上燒，下卦水往下流，二者性質相反而不相容，水火不容也就是睽的意思。

吉凶判斷：

1.運氣：運氣不通，諸事不如意，避免與人發生糾紛，及家庭不和。

2.願望：難成。
3.婚姻：不成，性格不和。
4.戀愛：不成功。
5.旅行：有障礙，最好取消。
6.交涉：意見相反，難達成協議。
7.財運：不好。
8.尋人：發生口角憤而離家，不易找到。
9.失物：找不回來。
10.考試：成績差，小心看錯題意。
11.開張營業：凶。
12.改行或遷移：凶。
13.求職：難成。
14.子女運：家庭大小不和，骨肉緣薄。胎兒是女，小心難產。
15.天氣：壞。

有變爻時的判斷：

●初爻變：小心與人結怨，招來災禍。

●二爻變：委曲求全，可免災禍。

●三爻變：先凶後吉。

●四爻變：溝通意見，互相諒解，吉。

●五爻變：合作處事，吉。

●六爻變：肚量要大，避免相猜忌，則吉。

39 ䷦ 水山蹇・千辛萬苦

這是四大難卦之一。

蹇是「跛」的意思，上卦坎代表陷，下卦艮代表止，坎陷當前，止而不進，好像跛足的人走路困難，所以叫做「蹇」卦。

吉凶判斷：

1.運氣：大凶，困難重重，又得小心小人陷害。

2.願望：難成。

3.婚姻：不成功。
4.戀愛：不成。
5.旅行：凶，中途有災難。
6.交涉：困難重重。
7.財運：不佳。
8.尋人：因窮困潦倒而離家出走，有危險，要報警，五個月內仍沒有消息，則難找了。
9.失物：跟某種東西雜放在一起，要耐心找才可找到。尋找方向：北方或東北方。
10.考試：成績差。
11.開張營業：凶。
12.改行或遷移：凶，最好暫時不動。
13.求職：没希望。
14.子女運：多勞祿，子女緣薄。胎兒是男，小心難產。
15.天氣：接連的壞天氣。
有變爻時的判斷：
●初爻變：要等待好運來。

●二爻變：任勞任怨，化解困難，則吉。

●三爻變：與人協商，共謀對策，則吉。

●四爻變：與人合作，則吉。

●五爻變：有朋友相助，吉。

●六爻變：接納忠言，消除災難。

40 ䷧ 雷水解・春天解冰

震為雷，坎為水，為雨，雷雨交作而鬱悶熱氣解散，所以叫做「解」卦。坎卦代表冬天，震卦代表春天。雷水解就是冬去春來，酷寒解除，春雨降臨，大地暖和，冰雪解凍，萬物欣欣向榮。

吉凶判斷：

1.運氣：逐漸轉好，應把握好時機。

2.願望：有希望實現。

3.婚姻：可成功。

4.戀愛：有勇氣不猶豫，便能成功。
5.旅行：吉。
6.交涉：不要猶豫，便可成功。
7.財運：佳。
8.尋人：不久便知道下落。方向：東方或西方。
9.失物：可以找到，趕快往東方或西方去找，否則時間一久便不容易找回來了。
10.考試：成績好。
11.開張營業：吉。
12.改行或遷移：佳。
13.求職：只要把握機會，便可成功。
14.子女運：先爲子女勞苦，最後得到幸福。胎兒是男。
15.天氣：會下雨。

有變爻時的判斷：

●初爻變：以柔順剛，吉。

●二爻變：中庸之道，吉。

●三爻變：小心災難，是自己招來的。
●四爻變：朋友相助，解除困難。
●五爻變：遠離小人，則吉。
●六爻變：解決暴力難題。

41 ䷨ 山澤損・先捨後得

損字的意義爲「減損」。

上卦艮爲山，下卦兌爲澤。先損失沼澤的土壤，來增加山的高度，山高水深，各得好處，雖然是先損失，最後還是有獲得，所以叫做損卦。

吉凶的判斷：

1. 運氣：先凶後吉。好運氣比壞運氣晚來一些。凡事無法當場見效，馬上成功。
2. 願望：不能馬上實現，但等待便有希望。
3. 婚姻：雖然有障礙，還是會成功。
4. 戀愛：有始有終，才會成功。

5.旅行：可，但途中要小心。

6.交涉：要先送一點禮物，讓對方吃點甜頭。

7.財運：先賠後賺。

8.尋人：要很長的時間才能找到。尋找方向：東北方或西方。

9.失物：不易找回，或者要花費較長的時間。尋找方向：東北方或西方。

10.考試：這次成績差，下次才會好。

11.開張營業：不要太急。

12.改行或遷移：不要太急，慢慢來。

13.求職：要送點禮物意思意思。

14.子女運：先爲子女勞苦，最後得到幸福。胎兒是女。

15.天氣：目前不好，不久轉好。

有變爻時的判斷：

●初爻變：作事不要過份，才不會損失。

●二爻變：不可冒然行動，否則不利。

●三爻變：二人合作便可以了，三人以上就不好了。

●四爻變：雖然小生病，但是不要緊。
●五爻變：意外的福氣，吉。
●六爻變：吉。

42 ䷩ 風雷益・大家的利益

益字爲增加的意義。

「震」卦代表雷而居下，「巽」卦代表風而居上，强風疾雷，兩者相互助威聲勢的現象。

吉凶判斷：

1. 運氣：吉，但不可猶豫不決。與人合作吉，有貴人相助。
2. 願望：可成。
3. 婚姻：大吉。
4. 戀愛：必然成功。
5. 旅行：吉。
6. 交涉：積極處理，便會成功。

7.財運：佳。
8.尋人：不久可自動回來，或知道下落。方向：東南方。
9.失物：可以找到。方向：東南方。
10.考試：成績好。
11.開張營業：吉。
12.改行或遷移：吉。
13.求職：成功。
14.子女運：幸福家庭。胎兒是女。
15.天氣：目前好，不久會變壞。

有變爻時的判斷：

●初爻變：要做得完美，才不會受到指責。
●二爻變：吉，有外來幫助。
●三爻變：有困難，要磨練你的心志和處事能力。
●四爻變：從事公益事業，吉。
●五爻變：大吉。
●六爻變：因爲自己的私利，會引起公憤，凶。

43 ䷪澤天夬・阻礙在前面

「夬」，就是去除的意思，含有勇敢果斷的意思。

從卦形看來，下面的五個陽爻往上伸展，想排除最上面的一個陰爻，代表五個君子想排除一個小人，都有去除的意思。

吉凶的判斷：

1. 運氣：困難與危險將來臨，要小心應付，而且是採取行動的時候了。
2. 願望：難成。
3. 婚姻：不吉。
4. 戀愛：不吉。
5. 旅行：有困難，最好取消。
6. 交涉：要選擇談判地點，才對自己有利。
7. 財運：不佳，要小心自己的財產。
8. 尋人：已遠走高飛或下落不明，有生命的危險，快向西方或西北方的水邊去找吧！
9. 失物：遺失在室外，難找回來了。

10.考試：成績差。
11.開張營業：暫緩開張吧！
12.改行或遷移：暫時不要更動。
13.求職：有困難。
14.子女運：兒子多，女兒少，要小心教養。胎兒是男，也可能難產。
15.天氣：目前惡劣，未來會轉好。

有變爻時的判斷：

●初爻變：冒然行動，遭到失敗。
●二爻變：要有實力的準備，才好。
●三爻變：小心危險。
●四爻變：要注意情報，採納別人的勸告。
●五爻變：要公平，才不後悔。
●六爻變：大凶。

44 ䷫ 天風姤・偶然的碰頭

「姤」，原來是男女相交，也可以解釋做一般的「遭遇」。

上卦爲天，下卦爲風，象徵風力流行天空之下，凡是暴露在空間的物體，都會跟風碰頭，所以叫做「姤卦」。

吉凶判斷：

1.運氣：凶，小心女人的災禍，還有下屬的陷害。
2.願望：難成。
3.婚姻：凶。
4.戀愛：會失敗。
5.旅行：不好，最好取消。
6.交涉：反而會被對方說服。
7.財運：不佳。
8.尋人：有感情的牽連，可能會在意想不到的地方找到。尋找方向：西方或西北方。
9.失物：可能在意想不到的地方找到。尋找方向：西方或西北方。
10.考試：成績差。
11.開張營業：凶，有意想不到的阻礙。

12.改行或遷移：凶。
13.求職：不成功。
14.子女運：子女多煩惱，要留心教養。胎兒是女。
15.天氣：目前好，但漸將轉壞。

有變爻時的判斷：

●初爻變：跟女性相遇，能控制自己，則吉。
●二爻變：主動才好。
●三爻變：陰氣太盛，但不危害。
●四爻變：凶。
●五爻變：順乎自然，吉。
●六爻變：小心自鑽牛角尖。

45 ䷬ 澤地萃・熱鬧的祭典

萃作「叢聚」的意思，如人才薈萃，就是人才衆多而集中。

兌澤在坤地之上，水能潤土，滋長草木，繁殖茂盛，所以名爲萃卦。

吉凶判斷：

1.運氣：佳，表示聚合豐盛，運氣亨通。
2.願望：可成。
3.婚姻：大吉。
4.戀愛：會成功。
5.旅行：好。
6.交涉：可成功。
7.財運：有聚財的好現象。
8.尋人：不久可自動回家，或知道下落。
9.失物：可以找到，尋找方向：西方或西南方。
10.考試：成績好。
11.開張營業：可。
12.改行或遷移：可。
13.求職：順利。

14.子女運：子女衆多，家庭幸福。胎兒是女。
15.天氣：下大雨，小心水災。
有變爻時的判斷：
●初爻變：朋友要互信團結，才吉利。
●二爻變：功名成就時，不要放棄原來的理想。
●三爻變：注意情報，滲透對方的底細，吉。
●四爻變：責任重大，要面面周到，才不會被人攻擊。
●五爻變：要有誠意，才能收買人心。
●六爻變：不得人心，要小心危險。

46 ☷☴ 地風升・伸長的嫩芽

「升」就是樹木從地裡向上生長，也就是上進的意思。
地在上，風沒入地下，本來風是在地面上吹著，所以現在勢必由地下升出地面上，也就是升的意思。

吉凶判斷：

1. 運氣：如意吉利。但是要按部就班，一步一步來。
2. 願望：可成功。
3. 婚姻：吉祥良緣。
4. 戀愛：可成功，但不可太性急。
5. 旅行：吉。
6. 交涉：按步驟一步步來，便可成功。
7. 財運：佳。
8. 尋人：雖然費時，但能找到，而且平安無事。尋找的方向：西南、東南方。
9. 失物：可找到但要時間長。方向：西南方或東南方。
10. 考試：成績好。
11. 開張營業：可。
12. 改行或遷移：可。
13. 求職：可成功。
14. 子女運：兒女都能成功。胎兒是女。

15.天氣：好天氣。

有變爻時的判斷：

●初爻變：上下合心協力，大吉。

●二爻變：靠眞才實學，吉。

●三爻變：勇敢前進。

●四爻變：吉。

●五爻變：步步上升，吉。

●六爻變：適可而止，否則一昧求升，反而下墜。

47 ䷮ 澤水困・窮困落魄時

「困」就是受困的意思。

上卦兌代表沼澤，下卦坎代表水，兌澤之水，注入坎陷，洩掉了，所以說沼澤的水被坎陷所困住了。

代表男性的陽爻，被代表女性的陰爻所遮住了，好像男權被女權所掩蓋了，也是受困的意思。

這是四大難卦之一。

吉凶判斷：

1.運氣：運氣最壞的時候，凡事以退守爲宜，以免徒勞無功。

2.願望：難成功。

3.婚姻：不吉。

4.戀愛：沒有結果。

5.旅行：困難多多，最好取消。

6.交涉：難成功。

7.財運：不佳。

8.尋人：下落不明，難找。

9.失物：難找回了。

10.考試：成績差。

11.開張營業：不好，等待吧！

12.改行或遷移：暫時不變動爲宜。

13.求職：目前沒希望，只有等待了。

14.子女運：勞苦多，要先苦後甜。胎兒是女。

15.天氣：不斷的壞天氣。

有變爻時的判斷：

●初爻變：凶，要小心謹慎。

●二爻變：不爲利誘，把持原則，則吉。

●三爻變：不吉。

●四爻變：好運會慢慢來。

●五爻變：先凶後吉。

●六爻變：肯悔改，糾正自己的缺點則吉。

48 ䷯ 水風井・解渴的井水

上卦坎代表水，下卦巽代表木頭，巽卦在坎卦下面，猶如以木製的容器放進井中，用以汲出井水的意思。

一方面巽卦代表「進入」，坎卦代表陷落。合起來就是地面凹陷，無疑就形成了「井」，所以把此卦命名為「井卦」。

吉凶判斷：

1.運氣：運氣平平，安守本份，可保平安，否則會招致壞運。
2.願望：目前雖然無法達成，但繼續努力便有希望。
3.婚姻：雖然吉祥，但不可操之過急。
4.戀愛：太性急會失敗，自然發展才能成功。
5.旅行：暫時不要去。
6.交涉：要讓對方了解好處，很辛苦。
7.財運：不佳，從事飲食業、公共事業還可以。
8.尋人：在附近。方向：北方或東南方。
9.失物：遺失在室內。方向：東南方低處。
10.考試：成績普通。
11.開張營業：等待好時機。
12.改行或遷移：最好維持現狀。

13. 求職：現在所期待的職位得不到，但委託長輩另謀他職可成功。
14. 子女運：兒女孝順幸福。胎兒是男，平安生產。
15. 天氣：好。

有變爻時的判斷：

●初爻變：沒有人注意。
●二爻變：失去了功用。
●三爻變：沒有知己，不受重用，可惜。
●四爻變：需要大力整修了。
●五爻變：可利用，吉。
●六爻變：大家都有好處，吉。

49 ䷰ 澤火革・改革的呼聲

「革」本來是「皮」，後來轉變爲「改革」或「變革」等意義。

上卦兌爲澤爲水，下卦火，水能滅火，火亦能燒乾水份，有相互改變的現象。

離卦代表夏天，兌卦代表秋天。夏天草木欣欣向榮，秋天草木凋落，氣候變革很明顯，所以命名爲「革卦」。

吉凶判斷：

1.運氣：運氣變化很大，要拿出勇氣與決斷，作爲明智的改革。你的住處可能有變動，或者提防事情發生糾紛。

2.願望：雖有困難，只有明智的決斷與勇氣，改變方針，便變成有利的現象。

3.婚姻：目前這個不行，另找新的對象吧！

4.戀愛：勇敢積極進行，便可成功。

5.旅行：雖有困難，還是可以去的。

6.交涉：必須重新再交涉。

7.財運：雖有困難，改變方針，便轉爲有利了。

8.尋人：必須改變方法尋找。方向：西方或南方。

9.失物：趕快向西方或南方尋找，否則就會找不回來了。

10.考試：成績還算可以。

11.開張營業：要積極進行才好。

12.改行或遷移：吉。

13.求職：現在盼望的工作可能不能得到，另謀新職有成功的希望。

14.子女運：兒女的意見可能與父母相反。胎兒是女。

15.天氣：變化很快。

有變爻時的判斷：

●初爻變：時機未成熟，不可輕舉妄動。

●二爻變：時機到了，可以改革了。

●三爻變：要順從大家的意見，才可改革。

●四爻變：改革，吉利。

●五爻變：吉。

●六爻變：改革得到支持，吉。

50 ䷱ 火風鼎・三邊會議

鼎，就是古代烹調煮食的容器，有三隻腳。

下卦巽為木，上卦離為火，有燒柴煮食的象徵。

卦形也像鼎：初爻的陰爻代表脚，二三與四爻像腰腹部，五爻的陰爻代表左右兩耳，上爻相當於鉉，而形成整個鼎的模樣。

吉凶判斷：

1. 運氣：氣運亨通，吉。
2. 願望：可成。
3. 婚姻：吉。
4. 戀愛：成功。
5. 旅行：大吉。
6. 交涉：順利。
7. 財運：佳。
8. 尋人：不久可自動回來，或找回，平安無事。
9. 失物：可找到。方向：南方或東南方。
10. 考試：成績好。
11. 開張營業：大吉。

12.改行或遷移：大吉。
13.求職：順利。
14.子女運：兒女將來會成功做大事。胎兒是女。
15.天氣：晴朗。

有變爻時的判斷：

●初爻變：吉。
●二爻變：小心合夥人，中吉。
●三爻變：有矛盾產生，不吉。
●四爻變：凶，有災禍。
●五爻變：虛心納賢，吉。
●六爻變：大吉。

51 ䷲ 震爲雷・雷聲隆隆

震字爲動盪激發的意義。

本卦的上下卦都是震卦，都是二個陰爻把一個陽爻壓住，陰性靜，陽性動，陰爻壓力愈大，陽爻抗力愈强，勢必發憤圖强，有雷霆萬鈞之象，所以稱做震卦。

吉凶判斷：

1. 運氣：雖有多難多災，但也會扭轉壞運氣而變好，特別要小心疾病。
2. 願望：先有挫折，然後成功。
3. 婚姻：不要害怕阻礙，還是會美滿成功的。
4. 戀愛：雖有風波，還是會成功的。
5. 旅行：可行，但提防阻礙。
6. 交涉：雖有糾紛，但仍可協調。
7. 財運：按步就班，財運會慢慢來。
8. 尋人：被尋的人遠走高飛，有生命危險，要趕快去找。方向：東方。
9. 失物：趕快向東方較高的地方去尋找。
10. 考試：成績還好。
11. 開張營業：可行，但不可操之過急。
12. 改行或遷移：可行，但不可操之過急。

13.求職：雖有困難，但更加努力便可成功。
14.子女運：爲兒女吃很多苦頭，子女多爭氣，個個能成功。胎兒是男。
15.天氣：雖然不穩定，但是會轉晴，或雷雨交加。

有變爻時的判斷：

●初爻變：吉，但要小心戒備。
二爻變：有危險的現象。
三爻變：凶，小心災禍。
四爻變：力量不足，欲振乏力。
五爻變：小心言行，慢慢轉好。
六爻變：小心提防災難，情勢雖凶，也能保平安了。

52 ䷳ 艮爲山・連綿的高山

「艮」就是停留或阻止的意思。因爲上下卦都是「艮」，也就是山，層層的山阻擋，當然是不能再前進了。

就卦形來看，一陽進到最頂點，無可再進，不進則止，所以名為艮卦。

吉凶判斷：

1. 運氣：運氣停滯不通，障礙重重，萬事不如意，宜謹慎保守。
2. 願望：難成。
3. 婚姻：有阻礙，不吉。
4. 戀愛：沒有結果。
5. 旅行：因為阻礙，最好取消或延期。
6. 交涉：難成功。
7. 財運：不佳。
8. 尋人：去向不明，只有等待消息了。
9. 失物：不易找回，可能在某個東西下面，可以向東北高處去找找看。
10. 考試：成績差。
11. 開張營業：不吉。
12. 改行或遷移：凶，只能維持現狀。
13. 求職：不成，只有等待好時機了。

14.子女運：子女與父母心意相違背，多苦惱。胎兒是男，小心難產。

15.天氣：接連的壞天氣。

有變爻時的判斷：

初爻變：安份守己，還可以。

二爻變：不聽勸告，會吃大虧。

三爻變：凶。

四爻變：不宜妄動。

五爻變：說話要小心，行動要謹慎。

六爻變：敦厚安泰，吉。

53 ䷴ 風山漸・山上的樹木

「漸」就是按照順序漸進的意思。

巽代表木，艮代表山，巽木在艮山之上，山勢由漸而高，樹木由漸而長，都具有漸進的意思，所以命名為漸卦。

吉凶判斷：

1. 運氣：萬事逐漸轉爲順利，但不可操之過急，一定要按部就班。
2. 願望：有成功的希望。
3. 婚姻：吉。
4. 戀愛：一步一步來，便可成功。
5. 旅行：吉。
6. 交涉：按部就班來進行才可成功。
7. 財運：順利。
8. 尋人：尋找費時，但平安無事。尋找方向：東南或東北。
9. 失物：可找回，但費時間，往東南方或東北方高處去尋找。
10. 考試：成績有進步。
11. 開張營業：吉。
12. 改行或遷移：吉。
13. 求職：費時間，但能成功。
14. 子女運：兒女溫順，將來幸福。胎兒是女。

15.天氣：逐漸轉好。

有變爻時的判斷：

●初爻變：腳踏實地，按部就班，吉。

●二爻變：善與人同，吉。

●三爻變：匹夫之勇，則凶。不自私偏見，則不易與人起衝突。

●四爻變：以柔克剛，則不凶。

●五爻變：心心相印，達成願望，吉。

●六爻變：漸次進步，吉。

54 ䷵ 雷澤歸妹・小妹先出嫁

「歸妹」就是妹妹比姊姊先嫁人——于歸的意思。

震爲長男，兌爲少女，兌又有喜悅的意思。綜合來說，就是未成年的少女跟隨大漢而得到喜悅。這是不尋常的婚嫁，故名爲歸妹。

吉凶判斷：

米卦金錢卦

1.運氣：目前雖好，但災難馬上到，要小心。特別是提防桃色感情的糾紛。
2.願望：先成後敗。
3.婚姻：要先調查對方底細，怕鬧三角糾紛。
4.戀愛：先甜後苦。
5.旅行：中途有災難。
6.交涉：不可勉强進行，不利。
7.財運：先好後壞。
8.尋人：因感情糾紛而離家，有危險，速向東方或西方去找，可能在風月場所。
9.失物：難找回。
10.考試：成績差。
11.開張營業：不吉。
12.改行或遷移：暫時勿動。
13.求職：最初看起來順利，最後不成功。
14.子女運：兒女品行不端，特別是女兒，帶來的煩惱特別多。胎兒是女。
15.天氣：先好，馬上變壞了。

有變爻時的判斷：

●初爻變：要忍讓，才平安無事。

●二爻變：不可放棄操守，中吉。

●三爻變：小心感情糾紛，凶。

●四爻變：婚嫁不能太倉促，吉。

●五爻變：節儉謙虛，則吉。

●六爻變：凶。

55 ䷶ 雷火豐・豐足的生活

豐有「大」及「多」的意義，也就是隆盛富有的意思。

上卦「震卦」為雷，下卦「離卦」為電，雷電交作，聲勢壯大，所以命名為豐卦。

吉凶判斷：

1.運氣：運氣亨通，洋洋得意，但防得意忘形，太鬆懈傲慢會有煩惱，小心受騙，提防火災。

2.願望：能成功，但不可太衝動。

3.婚姻：吉。
4.戀愛：成功，但要多為對方設想，避免我行我素。
5.旅行：吉，但要小心防受騙。
6.交涉：注意不要受騙。
7.財運：佳，但防投資錯誤。
8.尋人：不用擔心，可在東方或南方找到。
9.失物：不小心遺失的現象，要冷靜地找，便可找到。尋找方向：東方或南方。
10.考試：成績佳，但不可太大意。
11.開張營業：吉。
12.改行或遷移：吉。
13.求職：會成功，但不可太傲慢。
14.子女運：子女多且幸福，但不可忽略教養。胎兒是男。
15.天氣：現在好天氣，但有雷雨來臨的預兆。

有變爻時的判斷：

●初爻變：謙虛，不可驕傲便吉利。

●二爻變：吉。

●三爻變：吉，但防小人，和責任過重，擔當不起。

●四爻變：吉。

●五爻變：虛心採納忠言，容忍別人，吉。

●六爻變：凶，被人遮蔽，失去權柄。

56 ䷷ 火山旅・心煩的旅客

「旅」有「過往」和「暫寄」的意義，也就是旅行的意思。

上卦離爲火，火勢燃燒蔓延而不停留，好像旅行的人，下卦艮爲山，山岳屹立不移，有如讓旅客居住的旅社，所以名爲旅卦。

吉凶判斷：

1. 運氣：運氣搖擺不定，萬事不如意。小心出外旅行，或有發生火災的現象。
2. 願望：小願望還有希望，大願望不成。
3. 婚姻：凶，多勞苦。

4.戀愛：對方意志不堅，變成沒結果。
5.旅行：不得不旅行，雖然很辛苦，還是要去。
6.交涉：多勞苦結果少。
7.財運：多起伏，不佳。
8.尋人：已經遠走而住處不定，不容易找到。
9.失物：找不回來。
10.考試：成績差。
11.開張營業：凶。
12.改行或遷移：凶，須等待好時機。
13.求職：暫時無望，要有貴人奔走才有希望。
14.子女運：骨肉無情，要靠自己。胎兒是女。
15.天氣：不穩定的壞天氣。

有變爻時的判斷：

●初爻變：不要計較小事小利，凶。
●二爻變：有忠心的部下帮忙，中吉。

●三爻變：對待部下要有寬宏肚量，否則凶。
●四爻變：雖然有人資助，却對你有戒心，你心情不愉快，中凶。
●五爻變：終於有了獎賞，吉。
●六爻變：目空一切，招到災難，凶。

57 ☴☴ 巽爲風・風吹散的種子

巽字讀音遜，意思也差不多，作「順伏」與「容入」解釋，進入與順從，也就是順從服貼的意思。

從卦形看來，陰爻潛居於二陽爻之下，本來陰爻具有退縮或消極的性格，現在潛伏在二陽爻之下順服而退不出來，也就是委屈順服的意思。就是「巽」的意思，所以命名爲「巽」卦。

吉凶判斷：

1. 運氣：波瀾多，運氣起伏不定，要以柔克剛才好。
2. 願望：性急不成功，沈著進行才有成功希望。
3. 婚姻：有波瀾，但委託有地位人士來做媒，可成功。

4.戀愛：不要盲目，便可成功。
5.旅行：吉。
6.交涉：有困難，請有力人士出面調解才有利。
7.財運：把握機會，便可賺錢。
8.尋人：潛居在有關係的附近人家，要態度强硬，才能找回。尋找方向：東南方。
9.失物：藏在某種東西下面，向東南方尋找。
10.考試：成績中等。
11.開張營業：不要勉强性急，則吉。
12.改行或遷移：不要勉强性急，則吉。
13.求職：要請有力人士介紹，才有成功希望。
14.子女運：養育子女雖辛苦，兒女多孝順能報答親恩。胎兒是女孩。
15.天氣：晴朗風大，氣候變化大。

有變爻時的判斷：

●初爻變：優柔寡斷，則凶。意志堅定則吉。
●二爻變：中庸行事，吉。

●三爻變：太謙虛反而沒自信，中凶。
●四爻變：聽從領導，而有功勞，吉。
●五爻變：吉。
●六爻變：喪失信心，凶。

58 ☱☱ 兌爲澤・喜悅的少女

「兌」者「悅」也，喜悅的意思。

看卦形，上下卦一樣，一陰爻居於二陽爻之上。就易理而言，「陽」代表剛强與尊貴，「陰」代表柔弱與卑賤，合而言之，就是柔弱卑賤的陰爻，被捧在兩個尊貴的陽爻之上，高高在上，當然很高興，也就是「兌」的意思，所以命名爲「兌」卦。

吉凶判斷：

1.運氣：吉祥如意，有喜事，但要防因女人而起的糾紛。

2.願望：可成功。

3.婚姻：良緣。但夫妻要相敬如賓，不可小看對方。

4.戀愛：可成功，但不可只顧自己。
5.旅行：吉。
6.交涉：要用笑臉外交。
7.財運：佳。
8.尋人：與女人有關，不久可知下落。尋找方向：西。
9.失物：可以找到。方向：西方。
10.考試：成績好，但不可驕傲。
11.開張營業：吉。
12.改行或遷移：吉。
13.求職：可成功。
14.子女運：幸福，但不可溺愛子女。胎兒是女。
15.天氣：目前好，後轉壞。

有變爻時的判斷：

●初爻變：喜悅，吉。
●二爻變：操守忠正，吉。

●三爻變：無德而想迎合別人，凶。

●四爻變：趨吉避凶，吉。

●五爻變：提防小人的獻媚誘惑而受害，中凶。

●六爻變：把人引入邪道，凶。

59 ䷺ 風水渙・風吹水散

「渙」字，爲散開的意思。

巽風在坎水之上，水被風吹，流動四散，所以名爲渙卦。

吉凶判斷：

1.運氣：苦盡甘來，運氣開通，但怕意志不堅，朝秦暮楚。
2.願望：可成功。
3.婚姻：先有困難後成功。
4.戀愛：先有障礙，有始有終則成功。
5.旅行：可，路上要小心。

6.交涉：歷盡千苦才能成功。
7.財運：先有困難，慢慢亨通。
8.尋人：已遠離，難知道下落。
9.失物：遺失在外面，找不回來了。
10.考試：成績好。
11.開張營業：吉。
12.放行或遷移：吉。
13.求職：成功。
14.子女運：先因兒女而辛苦，後來幸福。胎兒是女。
15.天氣：轉好，但風大。

有變爻時的判斷：

●初爻變：柔順，則吉。
●二爻變：迅速採行動，拯救人心渙散，中吉。
●三爻變：大公無私，共同挽回渙散局勢，則中吉。
●四爻變：不要任用私己，促進大團結，吉。

●五爻變：人心離散，須下令號召團結，中吉。
●六爻變：脫離險境，中吉。

60 ☵☱ 水澤節・節制自己

節字為「有限度」的意思，也就是操守節度。
兌澤在坎水之下，容蓄水量，不使水流四散奔流，所以名為節卦。
吉凶判斷：
1. 運氣：做事要有分寸與節制，勿衝動行事，則萬事亨通，否則沒有節制，一敗塗地。
2. 願望：暫時不成，耐心等好時機吧！
3. 婚姻：不用性急，按步來做，便可成功。
4. 戀愛：性急則不成，耐心則成功。
5. 旅行：最好不要立刻出發，等待好時機吧！
6. 交涉：要耐心交涉才行，衝動則失敗。
7. 財運：要適當節制才好。

8.尋人：藏在附近，不容易找到。方向：北方或西方。
9.失物：遺失在室內，耐心找可找出。方向：北方或西方。
10.考試：成績還好。
11.開張營業：暫時不要，等好時機。
12.改行或喬遷：重新考慮，暫時不要。
13.求職：暫時不成，耐心等吧！
14.子女運：兒女多溫順孝順，平安幸福。胎兒是男。
15.天氣：良好。

有變爻時的判斷：

●初爻變：時運不佳，要謹慎小心，凶。
●二爻變：不知時運，喪失好時機，凶。
●三爻變：既往不究，謹慎言行，挽救危機，則中吉。
●四爻變：遵守節度，正道而行，吉。
●五爻變：有節制，則有功勞，吉。
●六爻變：保守固執，不知變通，凶。

61 ☴☱ 風澤中孚・母雞孵蛋

孚，是信實，誠懇的意思。

巽爲風，兌爲澤，風在澤上，水面空曠無阻，佈滿風力，爲空間的充實現象。二爻五爻，分屬上下卦的中間，陽爻剛實，象徵中心信而有實，故名爲中孚卦。

吉凶判斷：

1. 運氣：誠意則運氣好，邪念則運氣不好。
2. 願望：可成，但缺乏誠意會失敗。
3. 婚姻：良緣，吉。
4. 戀愛：誠意會成功。
5. 旅行：出外，吉。
6. 交涉：誠意會成功。
7. 財運：腳踏實地做事，財運佳。
8. 尋人：不用擔心，會自己回來。
9. 失物：遺失在室內，有人會送回來。

10.考試：成績好。
11.開張營業：吉。
12.改行或遷移：可，但不可太急躁。
13.求職：順利。
14.子女運：平安幸福。胎兒是女。
15.天氣：跟現在一樣。

有變爻時的判斷：

●初爻變：眞心誠意，吉。
●二爻變：心心相應，利益分享，吉。
●三爻變：不務實際，中凶。
●四爻變：忠心對上，摒棄惡友，吉。
●五爻變：精誠感召，人們追隨，中吉。
●六爻變：不實際，大凶。

62 ䷽ 雷山小過・小人過多

「小過」，就是小者過多的意思。

在易經，陽性代表「大」，陰性代表「小」。本卦的卦形，由二陽爻與四陰爻所組成。陰性的「小」超過了陽性的「大」，就是小過的意思，所以本卦命名爲小過卦。

吉凶判斷

1. 運氣：退守吉，急進凶。
2. 願望：小願望可成，大願望不成。
3. 婚姻：須愼重考慮，否則凶。
4. 戀愛：對方可能變心，沒結果。
5. 旅行：有災難，最好取消。
6. 交涉：大事交涉不成。
7. 財運：不佳，要儲蓄。
8. 尋人：遠走高飛，不易找到。
9. 失物：被偸走或遺失了，不易找回來了。
10. 考試：不及格。
11. 開張營業：凶。

12.改行或遷移：凶，最好暫停。

13.求職：不成功。

14.子女運：骨肉無情，多勞苦。胎兒是女。

15.天氣：不好。

有變爻時的判斷：

●初爻變：禍由自取，凶。

●二爻變：不可妄求高位，要謹守本分，才無災禍。

●三爻變：疏於防範，凶。

●四爻變：剛強用事，遇到阻力，凶。

●五爻變：好機會快來了，中吉。

●六爻變：好高騖遠，凶。

63 ䷾ 水火既濟・功成名就

「既濟」，就是凡事已得到濟助而有所成就的意思。

代表水的坎在代表火的離之上，水性下注，火勢向上，水火相交，則可成烹飪的功用，所以名爲既濟卦。

吉凶判斷

1.運氣：亨通，功名與利益雙收，但運氣過盛，必隱藏著傾衰的預兆，所以不能驕傲與怠慢。
2.願望：最怕結尾不成功。
3.婚姻：先和好，提防婚變，解除婚約。
4.戀愛：一時的成功，但結果失敗。
5.旅行：可，但中途要節約及謹言愼行。
6.交涉：交涉可成功，但不可太怠慢。
7.財運：初運佳，但防後運衰退。
8.尋人：第一次離家可找回，第二次再離家就難找回了。方向：北方或南方。
9.失物：第一次可找到，但可能再遺失。
10.考試：這次成績好，如果懈怠下來，下次就差了。
11.開張營業：最好再考慮。
12.改行或遷移：再三考慮較妥。

13.求職：可能有臨時性的工作，或不成功。
14.子女運：起初和好，後來父母與子女不和煩惱多。胎兒是男孩。
15.天氣：好，但不長久。

有變爻時的判斷

●初爻變：不要冒險輕進。
●二爻變：要耐心等待，不必理會發生的事件。
●三爻變：不可任用小人。
●四爻變：要戒備，不可掉以輕心。
●五爻變：吉。守成和節約。
●六爻變：危險，趕快振作圖强吧！

64 ䷿ 火水未濟・曙光來臨

「未濟」與「旣濟」意思正相反，卽尚未得到濟助而沒有成功。
上卦「離」，代表火，下卦「坎」代表水。也就是火在水面上的意思。本來火性向上燒，水性向下流。但現在水在下而火在上，水火不得其所，無從發揮它們的功用。也就是不能相互濟助得其用，就是「未濟」的意思，故命名爲「未濟」卦。

吉凶判斷

1.運氣：氣運雖未通，但逐漸開展，可把握時機，訂下計劃，迎接黎明到來。
2.願望：雖暫時不成，但耐心等著可成功。
3.婚姻：先勞苦後幸福。要有耐心才行。
4.戀愛：耐心則成功。
5.旅行：吉。
6.交涉：不容易達成結果。
7.財運：漸漸好轉。
8.尋人：尋找費時，請往南方或北方尋找，必可找到。
9.失物：混在某東西當中，耐心尋找便可找到。尋找方向：南方或北方。
10.考試：成績好。
11.開張營業：吉。
12.改行或遷移：吉。

13.求職：暫時不成，但耐心等待與努力就能得到意外的好職位。

14.子女運：最初因子女而辛苦，最後幸福。胎兒是男。

15.天氣：逐漸轉好。

有變爻時的判斷

●初爻變：自不量力有危險，凶。

●二爻變：行正道，吉。

●三爻變：草率行動，有危險，凶。

●四爻變：吉。理想實現。

●五爻變：光明正大，吉。

●六爻變：不知節制，中凶。

附錄一　劉伯温黃金策千金賦白話解

●動靜陰陽，反覆遷變。

動就是交重之爻，靜就是單拆之爻，交拆之爻屬陰，重單之爻屬陽，若爻是單拆謂之安靜，安靜的爻沒有變化。若爻是交重謂之發動，發動的爻，然後有變化，因此，交交交爻，原是坤卦，屬陰，因爻動了，就變作單單單，爲乾卦屬陽了。大凡物動就有個變頭，爲什麼交就變了單，重就變了拆，該把那個動字，當做一個極字的意思解說，所謂物極則變，水滿則傾，譬如天氣熱極，就會下雨，風雨過後，便會晴朗，故古人比做以穀舂之成米，米以煮之成飯，如不以米炊，是不去動他了，到底穀原是穀，米原是米，就是不動便沒有變化了。是以發動之內，也許變好，也許變壞，陽極則變陰，陰極則變陽，這樣就是動靜陰陽反覆變遷了。

●雖萬象之紛紜，須一理而融貫

卦中刑冲伏合，動靜生尅之間，原是有一個一定不易之理，明白了這個不易之理，不就貫通了嗎？

●夫人有賢不肖之殊，卦有過不及之異，太過者損之斯成，不及者益之則利

賢，不肖之殊，這是人生不齊的現象，過，不及之異，是卦的不齊表現，人以中庸之德爲貴，卦以中和之象爲美，故卦中動靜生尅合冲空破旺衰墓絕現伏等處，就有太過與不及之理存在，卦理只論中和之道，如果亂動要找獨靜之爻，獨靜要看逢冲之神，月破要出破塡合，旬空要出旬值日，動待合，靜待冲，尅處逢救，絕處逢生，冲中逢合，合處逢冲，這些法則，就是太過損之斯成，不及者益之則利。

●生扶拱合，時雨滋苗

生我用爻者，謂之生，扶我用爻者謂之扶，拱我用爻者謂之拱，合我用爻者，謂之合，生者，即金生水一類，五行相生也。扶者，即亥扶子、丑扶辰、寅扶卯、辰扶未、巳扶午、未扶戌、申扶酉，拱者，即子拱辰、卯拱寅、辰拱丑、午拱巳、未拱辰、酉拱申、戌拱未。合有二合，即三合、六合，二合即子與丑合之類，三合者，即申子辰合水局之類。倘若用神衰弱，冲破，得生扶拱合，有如枯苗得雨，油然而興，如卦中忌神得了生扶拱合，謂之助紂爲虐，災禍重見。

●尅害刑冲，秋霜殺草

尅者，如金尅木一類，害者，子未相害、丑午相害、寅巳相害、卯辰相害、申亥相害、酉戌

相害。刑者，卽寅巳相刑、巳申相刑之類，冲者，子午相冲、卯酉相冲之類。如用神衰弱，更逢尅害刑冲，不是像秋霜殺草一樣嗎？不過要注意，刑冲尅三者，卦中常可應驗，六害却很少應驗。

●長生帝旺，爭如金谷之園

長生帝旺者，卽火長生於寅，帝旺於午一類，用神遇之雖衰弱亦作有氣論，故以金谷來比喻，不過要注意，這裡用神長生帝旺，係專指用神而言，而不是指變爻，假如爻內，午火又化出午火是爻之伏吟，並無好處，豈能以金谷喻之。大凡用神帝旺於日辰上，主應驗速，用神長生於日辰上，主應驗較遲，如人之初生長，帝旺如人已長成，是體力最健之時。

●死墓絕空，乃是泥犂之地

死墓絕都從長生起，空是旬空，死乃亡也，如人病而死也，墓者，蔽也，如死而葬于墳墓，絕者厭絕也，如人死去而根本斷絕也，空者虛也，如深淵薄冰之處，人不能行走，泥犂爲地獄之名詞，言其凶也，大凡卦中長生墓絕三者，向日辰取，卦變出來的也要看，惟沐浴冠帶臨官帝旺衰病死胎養，不可向變出之爻取，化出來的當以生尅冲合出進退神反吟伏吟論。

●日辰爲六爻之主宰，喜其滅頂以安劉

日辰爲卜筮之主，不看日辰則不知卦中吉凶重要了，因日辰能冲起、冲實、冲散那動空靜旺的爻象，能合能塡月破之爻象，衰弱的能扶助幫比，強旺的，能抑挫制伏，發動的能去制抑，伏藏的能去提拔，可以成得事，又可以壞得事，故爲六爻之主宰，如忌神妄動，用神休囚，倘得日辰去制尅，那忌神及生扶了用神，萬事轉凶爲吉，故說滅了凶暴的項羽，而安扶了劉邦。

●月建乃萬卦之提綱，豈可助紂爲虐

月建者爲卜筮之綱領，月建亦能救事敗事，故言萬卦之提綱，若是卦中有忌神發動，尅傷用神，倘遇月建生扶那忌神，這便是助紂爲虐了，反之如遇月建尅制忌神，生扶用神，就是救事了。凡看月建只論生尅，與日辰相同，月建的禍福，不過一月之內，而日辰是久遠的、始終的，其次月建與長生沐浴冠帶十二神只論月破休囚旺相生尅，因爲出月之後，又換其他季節了。

●最惡者歲君宜靜不宜動

本年太歲之爻，名爲歲君，既能最惡，也能最善，既宜安靜，也宜發動，要看太歲爻，臨用神或忌神，如臨忌神發動來尅冲世身用，主災厄不利，一歲之中屢多駁雜，故最惡，如臨用神發動來生合世身，主一歲之中際遇頻加，連增喜慶者有之。若逢日辰動爻冲尅之，謂之犯上，如此無論公私事宜，必須注意謹愼爲妙。

●最要者身位喜扶不喜傷

身卽月卦身也，陽世還從子月起，陰世卽從午月生，其法見上安卦身訣，卦成之後，看卦身現與不現，與月建日辰有無干涉，占事爲事體，占人爲人身，惟喜生扶拱合，不宜剋害刑沖，凡占卦以卦身爲主，故云最要也。

●世爲己，應爲人，大宜契合，動爲始、變爲終，最怕交爭

交重爲動，有陽變爲陰，陰變爲陽之別，動爻爲事之始，變爻爲事之終，發動之爻，變剋變沖，謂之交爭，世應宜合，用神怕變剋沖也。

●應位遭傷，不利他人之事，世爻受制，豈宜自己之謀

應爲他人宜分別用神取捨，切勿執著應位誤斷。爲卜自己之事，當以世爻爲用，不宜受剋制，如受剋制，則凡謀不利也。

●世應俱空，人無准實

凡卜謀事，世空則自己不實，應空則他人不實在，若世應皆空，彼此皆無准實，或世應空合，謂之虛約無誠信。

●內外競發，事必翻騰

此謂卦之內外發動，亂沖亂擊也，主事體反覆翻騰。

●世或交重，兩目顧瞻於馬首，應如發動，一心似托於猿攀

馬首猿攀，謂心猿意馬，動蕩不定也，又世爲自己，應爲他人，書云，應動恐他人有變，世

動自己遲疑，皆言其變遷更改，不能專一其思慮也。

●用神有氣，無他故，所作皆成，主象徒存更被傷，凡謀不遂

用神與主象之稱，皆指用神而言也，故「氣」可作病字解，頭一句，謂用神無病，沒有刑冲剋害，又得日月爻生助，謂之有氣，凡謀必從，主象徒存，謂用神無氣，不得日月動爻生助，又受他爻刑冲剋害者，謂之被傷，凡謀枉費心機，不能遂意。（如卦中用神旺相遇了病，可待去病日期亦能成事。）

●有傷須救

傷，傷剋用神之神也。救，救護用神之神也，如申金爻是用神，而被午火發動來剋，則申之用神受傷，若得日辰是子，或動爻是子，子去冲剋午火，或亥日，亥水去制服午火，則午火受制，申金便有救了，倘若月建冲剋用神，得日辰去生合用神；或者是日辰去剋用神，卦中動出一爻生用神，這名爲有傷得救，這稱做有傷得救，凡事先難後易先凶後吉，屢試屢驗。

●無故勿空

故者，謂受傷的意思，勿字該當他不字解說，大凡旬空之爻安靜，又遇月建日辰剋制，這是有過之空了，卽使出旬値日亦不能爲吉爲凶，這樣旬空到底無用之空。若旬空之爻發動或得月建日辰生扶拱合他，或日辰冲起他，或動爻生合他，這是無故之空，待其出旬値日得令之時仍復能

事，故說無故之空爻勿以爲空也，雖値旬空而沒有受月建日辰剋傷的，不可當他眞空論。又如用神化回頭剋又見會局來剋，來剋太過豈不是有救了。若是日月不傷他用神一空則不受其剋，亦稱無故矣。

空逢沖而有用

空逢沖則動，動則不空，所以空逢沖而有用也。

合遭破以無功

合處逢沖益卦爻逢合如同心協力事必克濟，凡謀望欲成事者，得之則無不遂矣。倘合處遇沖刑破剋，惟恐奸詐小人兩邊破說，必生類惑猜忌之心。如寅與亥合，本相和合，若見申日或遇申爻動來沖剋寅木，則害了亥水，故曰合遭破以無功。合者成也，和好之意，破者，散也，沖開之意。凡欲成事而得合處逢沖之卦者，事必臨成見散，凡欲散之事而得合處逢沖之卦者，必遂意也，沖中逢合者反是。

自空化空必成凶咎

自空者，用爻値旬空也，化空者，亦言用爻化値旬空也，凶咎，言不能成事。此謂旬空化旬空，如午爻空又化午爻，申爻空又化申爻之類。凡謀望無不欲成事，若用爻空，或用爻動化空，則動有更變，空有類惑，事必無成，故曰凶咎也。

●刑合剋合終見乖淫

合者和也，卦中見之，無不吉利，然合也有刑中之合，剋中之合，終見不合，刑中之合，終見乖戾，如用未字爲財爻，午字爲福爻，午與未合，而帶自刑，名爲刑合，子與丑合，丑土能剋子水，謂之剋合，如占妻妾，始合終背，諸事終乖戾也。

●動値合而絆住

凡動爻不遇合爲動，若有合則絆住而不能動了，旣不能動，便不能生物剋物，如日辰合之須待冲其本爻日至，可應事之吉凶，如旁爻動來合之待冲旁爻之日至，可應事之吉凶，譬如丑土財爻，而子日合之，待未日至，乃應事之吉凶，子爻合住，待午日應事之吉凶，又如子孫爻動，而被日辰合住，則不能生財，待冲動子孫期至，方有財爻也，其餘例子也照這樣。

●靜得衝而暗興

凡是不發動之爻，不可便言安靜，若被日辰冲之，則雖靜亦動，這謂之暗動，暗動之爻生扶我，必得私下有人幫助，如果剋害我，必被人在暗中謀害，其理精微，應事在於日合，應驗度高。

●入墓難剋，帶旺匪空

此言動爻入墓，不能去剋他爻，又言他爻入墓不受動爻所剋，譬如寅木爻發動本去剋土，如遇未日占卦，寅木入墓於未日，或化出是未，是入墓於未爻也，則不能去剋土了。又如寅爻動去剋土，而土爻遇辰日，則入墓於日辰，化辰爻入墓於變爻，皆不受寅木之剋，故曰入墓難剋，帶旺者，如春木、夏火、秋金、秋水之謂也，此爻旬空，不作空謂，出旬仍有用，故曰匪空。

●有助有扶，衰弱休囚亦吉

此獨指用神而言，譬如春天占卦，用爻屬土，是衰弱休囚，本屬不美，若得動爻生扶拱合，雖無氣，不作弱論，忌神若無氣，則不會扶助。

●貪生貪合刑冲剋害皆忘

此亦指用神而言，倘用神遇刑冲剋害，皆非美兆，若得旁有生爻合爻，則彼貪生貪合，自不爲患矣，故曰忘冲忘剋，如果用神是巳，卦中動出寅字來，寅本刑巳，但寅木能生巳火，故巳火貪其生而忌其刑也。又如卦中動出亥字來冲剋巳火，而得卯字動，則亥水貪生於卯而忘剋於巳火，如寅字動，則亥子貪合於寅而忘冲於巳也，此爲貪合貪生忘剋忘刑之例也，其餘也可仿照這樣推論。

●別衰旺以明剋合，辨動靜以定刑冲

此爲分別衰旺動靜生剋制化陰陽之理，如旺爻本可剋得衰爻，若安靜，從旺而不能去剋衰爻也，衰爻本不能剋旺爻，若發動就能剋旺爻了，蓋動猶人之起，靜猶人之伏，雖旺相，不過目前一時，旺雖則衰弱，亦不過目前一時，俟旺者退氣，衰者得扶，而衰爻可剋旺爻矣，如旺爻動剋衰爻，而無日辰救護者，立時受其剋也，惟有日辰能沖剋得動靜之爻，但動爻生剋不得那日辰，若是月建載在卦中，那動爻也能剋得他了，如此則衰旺動靜之理明矣。

●併不併，沖不沖，因多字眼

　併謂卦中之爻日辰臨之也，沖者謂卦中之爻，日辰沖之也，何謂不能併，如子曰占卦，見有子爻作用神，子爻化墓化絕化剋，此謂日辰變壞，不能謂善于爻，而凶反見於本日也，此之謂不能併也，何謂不能沖，如子曰占卦，卦中以午爻爲用神，如子爻在卦中動來沖午爻，若得子爻化墓化絕化剋，此謂日辰化壞，不能爲害於午，而其吉反見於本日也，故曰沖不沖，此二者皆因子日占卦，卦中這個子爻變壞了，所以如此，餘類推。

●刑非刑，合非合，爲少支神

　刑，三刑也；合，合局也，如寅巳申爲三刑。丑戌未爲三刑，子卯爲二刑，辰午酉亥爲自刑，假如卦中有寅巳二字而無申，有寅申二字而無巳字，有巳申二字而無寅，爲少一字，不成刑也，如亥卯未、申子辰、巳酉丑、寅午戌爲三合，假如有亥卯而無未，有未卯而無亥，有亥未而無卯，少一字而不成合也，三刑三合之法必須見全，方謂之刑合，又如卦中刑合見全，倶安靜不動，亦不成刑合，應詳細研究，不可混爲一談。

●爻遇令星物難我害

令星，月建之辰也，物者指爻中動爻而言，倘用神是月建，月建爲健旺得令之星，動爻豈能剋傷之，故曰物難我害也。

●伏居空地，事與心違

伏者，伏神也，若六爻之中並無用神，而伏神又值旬空，倘無提拔者，謀事決難成就，故曰事與心違。

●伏無提拔終徒爾，飛不推開亦枉然

伏者，言用神不現，而隱伏於下也，如無日月動爻生扶拱合，謂之伏無提拔。飛者，是用神所伏之爻也，顯露神也，推者，冲開飛神使伏神得出也。

●空下伏神，易於引拔

言伏神在旬空飛爻之下，飛爻旣空，伏無攔絆，則伏神得引拔而出也，引爲拱扶併之神，拔爲生扶拱合冲開飛神引起伏神之意。

●制中弱主，難以維持

制者，言月建日辰制剋也，弱主者指衰弱之爻也，如用神衰弱而又被日辰月建制剋，縱得動爻生之，亦不濟事，蓋衰弱之爻再遇日月剋者，如枯枝朽樹，縱有大雨灌之，亦難生出新根芽。

此指用神出現而言，如伏神如是縱遇倂引亦無用矣。

●日傷爻，眞罹其禍，爻傷日，徒受其名

日辰爲六爻之主，能剋傷卦上之爻，如用爻被日辰剋傷，而無救護之爻，必難逃其禍，但卦爻却不能傷日辰，月建對卦爻也是如此。

●墓中人，不冲不發

如用神入墓，諸事費力難成，必須得日辰動爻冲開，或冲剋其墓爻，才有用，故書云，冲空則起，破墓則開。

●身上鬼不去不安

平民以官鬼爲忌，爲憂疑阻滯之神，須得日辰動爻冲剋去之爲吉，或忌神臨於世上亦然，但不宜冲剋太過，恐世亦遭傷也。（因世爲自身故也）

●德入卦而謀無不遂，忌臨身多阻無成

德，德合也，和合中自有恩情德義，故凡問事，如得用神動來合世，或日辰臨用合世，或日辰生合用爻，謂之德入卦，凡謀事無不利。如合處見冲，則事有變更矣，如遇忌神如此，乃多阻滯無成也。

●卦遇凶星避之則吉

卦遇凶星，指用神遇剋星而言，如被月建日辰相剋，不論空伏始終受制無處可避，如無月日相剋，獨遇卦爻中忌神發動來傷，倘用神值旬空伏藏，謂之避剋，待冲剋忌神之日，其凶自散，如用神出現不空，便受其害，難免不受其傷也，故云避之則吉。

●爻逢忌殺敵之無傷

爻者用爻也，如求財以財爻爲用之類是也。敵，救護之意，譬如求財卦中財爻屬木，倘有金爻動來剋財，凶也，或得火爻發動剋金，則金爻自顧不暇，不能剋木，木爻無患矣，故曰敵之無傷。

●主象休囚，怕見刑冲剋害，用爻變動，忌遭死墓空絕

主象亦言用神也，如用神値休囚，已不能成事矣，豈可再見刑冲剋害。如用神發動，最忌化死墓空絕，必有凶咎。

●用化用有用無用，空化空雖空不空

用神化用神有有用之用神，有無用之用神。有用者，用神化進神，無用者，用神化退神與伏吟卦。空爻安靜則不能化，空爻發動則能化，旣發動便不空，化出之空亦因動而化，凡動爻值空或動爻變空，皆不作眞空論，出旬便有用了。

●養主狐疑，墓多暗昧，化病兮傷損，化胎兮勾連

長生、沐浴、冠帶、臨官、帝旺、衰、病、死、墓、絕、胎、養，此十二神，卦中唯有長生、墓、絕這三樣，卦卦須看、爻爻要查，其餘沐浴、冠帶、臨官、帝旺、衰、病、死、胎、養，各種俱另有生剋沖合，進神、退神、伏吟、反吟論，不可執疑於養主狐疑，病主傷損，胎主勾連，學者應愼思明辨之。

●凶化長生，熾而未散

用神化長生者吉悠遠，忌神化入長生者，禍根始萌，日漸增長也，必待墓絕日，始鋤其勢。

●吉連沐浴，敗而不成

沐浴名爲敗神，又稱沐浴煞，乃無廉恥之神，其性淫敗，然亦有輕重分別，如金敗於午，敗中兼剋，寅木敗於子，敗中兼生，卯木敗於子，敗中兼刑，水敗於酉，敗中兼生，惟占婚姻最宜忌之，倘夫擇妻婚，得財爻而化沐浴兼刑者必敗門風，兼剋者因奸殺身，倘世爻化之生者，因色壞名，剋者因奸喪命，有救者險裡逃生，故曰吉神不可化沐浴也。

●戒回頭之剋我，勿反德以扶人

回頭剋，乃用神自化忌神，如火爻化水之類，凡占世爻身爻用爻，遇之不吉也，凡用神動出生合世爻，是有情於我，謀爲易成，如用神發動，不來生合世身，而反生合應爻，及旁爻者，皆謂反德扶人，凡占遇之，所求不易，是損己利人之象。

●惡曜孤寒，怕日辰之併起

惡曜卽忌神也，孤獨無生扶拱合，衰弱無氣，凡占遇忌神孤寒，則永無損害我矣，惟怕日辰並起，而孤寒得勢，難免被其損害，如值月建更可畏也。

●用爻重叠，喜墓庫之收藏

如卦中用爻重叠太過，最喜用神之墓，持臨身世，謂之歸我收藏也。

●事阻隔兮間發，心退悔兮世空

間爻者，世應當中兩爻也，蓋此二爻居世應之中，隔彼此之路，動則有人阻隔，要知其爲何等樣人阻，以五類推之，如父母動卽尊長之輩，凡世爻旬空，其人心怠意懶，不能勇往精進以成其事，故曰心退悔兮世空。

●卦爻發動，須看交重，動變比和，當明進退

凡卦爻發動，須看交重，交主未來，重主以往，如占逃亡，見父母幷朱雀發動，若爻是交，當有人來報信，如值重爻，信已先知，餘倣此。動變比和者，指進退二神而言，如寅木化卯是進神，卯木變寅是退神，進主上前，退主退後。

●煞生身，莫將吉斷，用尅世勿作凶看，蓋生中有刑害之兩防，而合處有尅傷之一慮

煞者，忌神也，生者合也，身者世也，此言謂忌神生世兼有刑尅者，不但謀事無成，恐因謀

而有害，如一人升學考試，於辰月癸酉日卜得節之坎卦，世爻巳火化寅木忌神，生中帶刑，又卯木忌神暗動生世，後來竟在考試日期得病，不能參加考試，此是忌生身之一例也，生中帶刑也，尅更重也，又如用神動來尅世，謂之物末尋我，凡謀易成，不能因尅我當做凶看，得用神尅世，但不宜又去生合應爻，此謂有情於彼，無情於我，雖用神尅世亦作凶看，學者應活看不可執著而論。

●刑害不宜臨用，死絕豈可持身

大凡占卦，凡用神身世遇日辰相刑必主不利，占事不成，占物不好，占病沉重，占人有病，占婦不貞，占文卷必破綻，占訟有刑害，但是須推論衰旺生尅分其輕重，詳辨死絕於日神之爻，臨持身世用神者，諸占不利，變動化入者，也一樣，但有絕處逢生之辨也。

●動逢冲而事散

蓋冲之一爻不可一例推之，如旬空安靜之爻，逢冲曰起，旬空發動之爻逢冲曰實，安靜不空之爻逢冲曰暗動，發動不空之爻逢冲曰散，又曰冲脫。凡動而逢冲散脫者，吉不成吉，凶不能凶也。

●絕逢生而事成

大凡用神臨於絕地，不可相執絕於日辰論之，如用神化絕亦是，倘遇生扶，乃凶中有救，大吉之兆，名曰絕處逢生。

●如逢合住須衝破以成功

卦中用神忌神遇日辰合，或自化合，或有動爻來合，不拘吉凶，皆不見應驗，須待冲破日期，始能應事之吉凶，如用神動來生世，凡事易成，若遇合住，則有阻滯，須待逢冲之日，事始有成，此爲斷日期應驗之法。

●若遇休囚必生旺而成事

斷日期之法，不可執一，當以活法推之，庶無差誤，如用爻合住，以冲之日來斷，或用爻休囚，則以生旺之期能成事，故無氣當以旺相月日斷之，如用爻旺相不動，則以冲動月日斷之；如用爻有氣發動，則以合日斷之，或有氣動合日辰，或日辰臨之動來生合世身，即以本日斷之。若用爻受制，則以制煞日月斷之，若用爻得時旺動，而又遇生扶者，此爲太旺，當以墓庫月日斷之。若用爻無氣發動而遇生扶，即以生扶日月斷之。若用爻入墓，當以冲墓冲用月日斷之。若用爻旬空安靜，即以出旬逢冲之日斷之。若用爻旬空安靜，即以出旬值日斷之。若用爻發動旬空被合，即以出旬冲日斷之。若用爻旬空安靜被冲，即以出旬合日斷之。若用爻旬空發動逢冲，謂之冲實，即以本日斷之。以上斷法，僅擧大要，其中奧妙之理，必須分其輕重，別其用忌，方可判斷無誤。

●速則動而尅世，緩則靜而生身

這也是斷日辰之法則，如占來人，欲定其遲速，若用神動來尅世，來期甚速，如動而生世則遲，如靜而生世，則更遲，並須配合衰旺動靜推之，則萬無一失。如衰神發動尅世，比旺動來剋者，又遲矣，其餘類推。

●父亡而事無頭緒，福隱而事不稱情

言公事當看文書者卽父母爻，凡私事須看福德，福德者，卽子孫爻，凡占功名考試公事，以父母爻爲頭緒，如父母爻空亡，恐事未準確，故曰父亡而事無頭緒。占私事以子孫爻爲解憂喜悅之神，又爲財之本源，豈可伏而不現，故曰福隱而事不稱情。

●鬼雖禍災伏猶無炁

官鬼雖爲災禍之神，但六爻之內，亦不可無，宜出現安靜，不宜藏伏，藏伏了，謂之卦中無炁，蓋官鬼爻，諸占皆有可賴之處，因此要他，譬如占名以官鬼爻爲用，占書信以官鬼爻爲原神，占訟以官鬼爻爲官，占病以官爻爲病，占盜賊以官爻爲盜賊，占怪異以官爻爲怪異，占財如無官爻，恐兄弟當權不無損耗。

●子雖福德，多反無功

子孫爻多現反受尅者，係指占名或升學考試而言，蓋占升官考試，以子孫爻爲惡煞，餘皆以子孫爻爲福德神。如占服藥以子孫爻爲用神，若卦中多現，必用藥雜亂，服之無功，如占求財，遇子孫受傷，不惟無利，恐反致虧本。

●究父母推爲體統，論官鬼斷作禍殃，財乃祿神，子爲福德，兄弟交重，必至謀爲多阻滯

此言五類之大略，但亦有分別用之，如占終身，以父母爻論其出身，如臨貴人有煞，是官宦之後，如臨刑害無氣，乃貧賤之兒，如占禍殃，當推官鬼附臨何獸，或値玄武，卽盜賊之殃，財乃人之食祿，故曰祿神，子孫可解憂尅鬼，故曰福德，兄弟爲同輩刼財，動則尅財爭奪，故曰凡謀多阻滯也。

●卦身重疊，須知事體兩交關

卦身卽月卦身也，其法陽世還從子月起，陰世則從午月生。卦身之爻，爲所占事之體也，若六爻中有兩爻出現，必是雙重求事，或事於兩處，若帶兄弟，必與人同謀，兄弟尅世或臨官鬼發動，必有人爭謀其事。卦身不出現，事未有定向，出現生世持世合世，其事已定，宜出現，不宜動，動則須防有變，假如變壞，則事體便不好了。若持世，知此事自能掌握，若臨應，知此事權柄在他，或動他爻變出者，卽知此人亦屬其事，如子姪輩類，屬子孫爻，看其伏於何爻之下，亦依此類推詳，如六爻飛變伏者，皆無卦身，其事根由未的，如臨空亡墓絕諸事難成，大抵卦身當作事體看，不可誤作人身看，如占人相貌美惡，以卦身看可知也，凡遇身尅世，則事尋我吉，世

尅身則凶，如得身爻生合世爻更吉。

●虎興而遇吉神，不害其爲吉，龍動逢凶曜，難掩其爲凶，玄武主盜賊之事，亦必官爻，朱雀本口舌之神然須兄弟，疾病大宜天喜，若臨凶煞必生悲，出行最怕往亡，如係吉神終獲利，是故吉凶神煞之多端，何如生尅制化之一理

大凡卜卦，當以五行六神爲主，不可雜以神煞亂斷，因爲神煞是無憑的，與其徒爲斷易之多歧，究不若生尅制化之一理爲妥。如能明其理，則圓通活變自有條理可尋而不惑，至於六獸，但可推其性情形狀，而於吉凶得失，當專以六爻生尅制化爲主，學能如此，則本末兼顧，不失其妙理，而融會貫通矣。

●嗚呼卜易者知前則易

我們常看到卜易之人，每多拘泥死法，不能變通，故有龍虎推其悲喜，水火斷其雨晴，空亡便以凶斷，月破皆言無用，身位定爲人身，應爻概稱代卜，如此之類不勝枚擧，劉伯溫作是書，取理之長，舍義之短，闡古之幽，正今之失，凡斷卦執迷於前法者，亦莫不爲之清晰明辨矣，如想學卜易者，必須詳究古法之正誤，並且知道權宜變通，才是一流的卜易家。

●求占者鑒後則靈

代人占卦，必須熟習以上各項原則，然後能通變達理，而問卜者必須誠心，這樣才能靈驗。

●筮必誠心

卜易必須眞心誠敬，專心求卜，則吉凶禍福，未有不驗者。

●何妨子日

陰陽曆書中，有子日不問卜之說，此乃無稽之談，不可信也，如果占者能通變達理，問卜者誠心，則神明無所不在，子日亦可占卜靈驗。

註：此篇爲斷易之總綱，必須熟讀，反覆研究其原則，則事至物來，未有不靈驗也。

附錄二　何知章

何知人家父母疾，白虎臨爻兼刑尅
何知人家父母殃，財爻發動煞神傷
何知人家有子孫，青龍德福爻中輪
何知人家無子孫，六爻不見福神臨
何知人家子孫疾，父母爻動來相尅
何知人家子孫災，白虎當臨福德來
何知人家小兒死，子孫空亡加白虎
何知人家兄弟亡，用落空亡白虎傷
何知人家妻有災，虎臨兄弟動傷財
何知人家妻有孕，青龍財臨天喜神
何知人家有妻妾，內外兩財旺相決
何知人家損妻房，財爻帶鬼落空亡

何知人家訟事休，空亡官鬼歹休囚
何知人家訟事多，雀虎持世鬼來扶
何知人家旺六丁，六親有氣吉神臨
何知人家進人口，青龍得位臨財守
何知人家大豪富，財爻旺相又居庫
何知人家田地增，勾陳入土子孫臨
何知人家進產業，青龍臨財旺相說
何知人家進外財，外卦龍臨財福來
何知人家喜事臨，青龍福德在門庭
何知人家富貴昌，强財旺福青龍上
何知人家多貧賤，財爻帶耗休囚見
何知人家無依倚，卦中福德落空死
何知人家灶破損，玄武帶鬼二爻悃
何知人家鍋破漏，玄武入水鬼來就
何知人家屋宇新，爻入青龍旺相眞

何知人家屋宇敗，爻入白虎休囚壞
何知人家墓有風，白虎空亡巽巳攻
何知人家墓有水，白虎空亡臨亥子
何知人家無香火，卦中六爻不見火
何知人家無風水，卦中六爻不見水
何知人家兩爨戶，卦中必主兩重火
何知人家不供佛，金鬼爻落空亡決
何知二姓共屋居，兩鬼旺相卦中推
何知一家有兩姓，兩重父母卦中臨
何知人家鷄亂啼．螣蛇入酉不須疑
何知人家犬亂吠，螣蛇入戌又逢鬼
何知人家見口舌，朱雀持世鬼未掇
何知人家口舌到，卦中朱雀帶木笑
何知人家多爭競，朱雀兄弟推世應
何知人家小人生，玄武官鬼動臨身

何知人家遭賊徒，玄武臨財鬼旺扶
何知人家災禍至，鬼臨應爻來尅世
何知人家痘疹病，螣蛇爻被火燒定
何知人家病要死，用神無救又入墓
何知人家多夢寐，螣蛇帶鬼來扶世
何知人家出鬼怪，螣蛇白虎臨門在
何知人家人投水，玄武入水煞臨鬼
何知人家有弔頸，螣蛇木鬼世爻臨
何知人家孝服來，交重白虎臨鬼排
何知人家見失脫，玄武帶鬼應爻發
何知人家失衣裳，勾陳玄武入財鄉
何知人家損六畜，白虎帶鬼臨所屬
何知人家失了牛，五爻丑鬼落空愁
何知人家失了鷄，初爻帶鬼玄武欺
何知人家無牛猪，丑亥空亡兩位虛

何知人家無鷄犬，酉戌二爻空亡捲
何知人家人不來，世應俱落空亡排
何知人家宅不寧，六爻俱動亂紛紛
仙人造出何知章，留與後人作飯囊
禍福吉凶眞有驗，時師句句細推詳

附錄三　孫臏總斷卦歌

△易爻不妄成

易本先天之數，其爻豈妄成也。

△神爻豈亂發

卦名有六爻，一爻有一神主之豈妄發也。

體象或既成

本卦爲體，支卦爲象，或既成之當審禍福。

△無者憂形色

看所占何事，若無上卦定可憂也。

△始須論天喜

鬼谷論天喜詩云：春戌夏丑爲天喜，秋辰冬未二三止，世主遇此必權折百事得之皆有理，如正月起戌順行十二位是也。

△次看貴人方

論貴人詩云：甲戊庚午羊，乙巳鼠猴鄉，丙丁猪鷄位，壬癸兎蛇藏，庚辛逢馬虎，此是貴人方，如甲日占卦，丑爻是貴人，餘皆倣此。

△三合百事吉

論三合詩云：寅午戌兮巳酉丑，亥卯未兮申子辰，若還世應來相尅，雖然有合也難成，如世是申應是子辰，其餘倣此。

△祿馬最爲良

定祿訣詩云：甲祿在寅，乙祿在卯，丙戊祿在巳，丁己祿居午，庚馬居寅，寅午戌馬居申，巳酉丑馬在亥，亥卯未馬在巳，假如甲日有寅爻則是祿也，申子辰日有寅爻則是馬也，若有此爻臨世應，求官可進步，更若有氣不落空亡則爲大吉之道也。

△爻動始爲定

細看卦中何爻動，以動者而論吉凶。

△次急論空亡

論空亡訣例云：甲子旬中空戌亥，甲寅旬中空子丑，甲午旬中空辰巳，甲申旬中空午未，甲戌旬中空申酉是也，如占得卦家，倘若值一位空亡，必主其中一事無氣。

彭城歌訣

△彭城有密訣切記不可忘

彭城論空亡訣云：男值空亡憂遠行，女值空亡憂病生，暴病空亡宜作福，久病空亡身不眞，財破空亡難把捉，鬼值空亡官事停，破他空亡徒事縷，賊來不至空有聲，妻值空亡妻有孕，室女空亡有外情，宅值空亡急作福，父母空亡憂病生，兄弟空亡不得力，子孫空亡土伶仃，此是彭城細密訣，切須仔細察其情，此秘訣屢試屢效，是秘訣不可忘也。

△四衝主衝併

袁天罡論四衝詩云：辰戌丑未爲四衝，縱然占吉也成凶，或是相生或兄弟也須被破事無終，如衝併有吉有凶用之切須審詳可知也。

△刑極俱主傷

天罡論四刑詩云：寅申巳亥爲四刑，凡作百事無一成，婚姻官事俱不吉，縱得相生也不眞。又論四極詩云：子午卯酉爲四極，凡百所遇皆無益，雖然世應得相生，決定主凶斷無吉，假如世子應午，即是極位衝與刑倣此。

△世應俱發動，不然有改張

值世應一爻動，必主有變更也。

△龍動家有喜

青龍乃福慶之神，遇動必主有喜。

△虎動主有喪

白虎本凶神，遇動主有喪禍。

△勾陳朱雀動，須忌有文章

勾陳朱雀皆主文字，遇動立至。

△日動憂尊長

所卜之日辰屬爻，遇動尊長有災。

△辰動損兒郎

看所值之時辰屬何爻，遇動小兒有損。

△陽動男人滯

卦上陽爻動，多主男人滯。

△陰動女人殃

卦上陰爻動，多主女人殃。

△出行宜世動

若占出行，世動必斷離得。

△歸魂不出疆

若占出行得歸魂卦，斷主躊躇。

△應動值三合，行人立回庄

若應爻動值生旺墓日，行人定主歸也。

△占宅青龍旺，豪富冠一鄉

大凡占宅若値龍爻旺，定主富貴。

△父母爻興旺，爲官至侯王

鬼谷云：父母爻乃爲印綬，若旺定貴。

△天喜若持世，公事定無妨

公訟最愛天喜，若持世定主無妨。

△勾陳尅玄武，捕賊不須忙

鬼谷云：若勾陳尅玄武，捕盜必獲得。

△父病嫌大殺
父病遇大殺爻上卦，定死，詳見占病門。
△空亡母不長
母病若值空亡，定主喪亡。
△無鬼病難療
探玄歌云：卦中無鬼病難醫，如卜病遇無鬼主難治。
△鬼旺主發狂
探玄歌云：鬼旺財興難保命。
△請看考鬼歷禱謝得安康
若人問病，有鬼須看鬼歷，看屬何鬼宜令問卜者祭之則吉。
△占婚嫌財死
凡占婚，看卦身屬何位則就止，上起長生看死位在何爻若值財死，起而婚定不成。
△占產看陰陽
若占生產，首看子孫爻，若屬陰則是女，陽則是男，萬無一失。
△若要問風水，三四世吉昌

卜葬最喜三世四世卦，若值此定吉。

△長生沐浴訣

秘訣凡十二位，長生、沐浴、冠帶、臨官、帝旺、衰、病、死、墓、絕、胎、養。金生在巳、火生在寅、木生在亥，水土共生在申十二位，當週而復始用之，假如占求財，看財爻在何位，若是金爻則就巳上起長生、午沐浴順數去，若值生旺墓日主有財，大抵前雙至日有氣，後草字除墓日為無氣，內有胎養二日自如，餘倣此例而行。

△卦卦要審詳

言前長生法極驗，一卦不憑此則不可。

△萬千言不盡

太陽之用無窮，言萬千言所能盡也。

△略舉其大綱

天地之機豈三訣能盡，但舉其大綱耳。

△分別各有類

門凡有四十一著，于后項至詳，茲不贅具。

△無物不包藏

此類無一物不包藏也。

△吉安道人訣：占卦須占用是誰，却將出現伏藏推，凶中得吉逢生救，吉裡成凶被尅欺，若被尅欺宜制伏，如逢生救要扶持，有人會得其中意，卦裡須深盡可知。

附錄四　孫臏探玄歌

△玄武若居壬癸水

如甲乙日占得天水訟，地水師卦！

△淋淋苦雨無休息

玄武屬陰那更入水定主雨水淋淋

△坎爲雨師巽爲龍

坎卦屬水故爲雨師，巽爲西方之卦故爲龍。

△若建發動雨濛濛

若值坎巽二卦發動，定主雨澤濛濛。

△木世上身主晴霽

李淳風定身位詩云：亥子持世身居初，丑戌持世二爻持，寅申持世三爻覓，卯酉持世四爻居，辰未持世身居五，巳午六位定無殊，如世爻屬木，身爻屬土定主晴明。

△甲乙相應和風生

甲屬乾宮，乙屬坤宮，乾爲天屬金，坤爲地屬土，土能生金，故曰相應，天地相應則和風必至。

△丙壬相治掣金蛇

丙屬火，壬屬水，水尅火故曰相治，若値世是丙應是壬，定見掣電。

△世庚應乙轟雷車

世爻屬庚，應爻屬乙故雷震。

△世從火出鳥輪燦

若世爻屬火，定見太陽燿燦。

△純陽定主多亢旱

卦値純陽定旱，如天風姤，天山遯。

△艮若之坤卽陰沉

若艮卦之坤，主陰沉。

△應爻尅日卽收雲

如應爻尅日辰，雲卽收也。如世爻甲子水，日辰値雨寅火是也。

△離入本宮霞彩見

離屬火反入本所以霞出，如噬嗑卦。

△鬼臨玄武雨已遍

玄武屬水，更值鬼臨則生雨澤遍滿天下。

△陽化爲陰雨又來

若陽卦化陰生雨再至，如坎卦之兌是也。

△陰入陽宮斗轉魁

若陰卦化陽主星斗燦如，如兌卦之艮是也。

△亥子爻中有玄武

如甲日得八純陰，丙日得八純陰是也。

△四海盡沾大雨露

若値玄武臨亥子水爻，主雨露膏澤天下也。

△離卦本是晴之原

離屬火本爲晴之原，若宜動法見晴明。

△坤卽微陰薄潤天

坤本陰卦故其象如此。

△水巽先雨後風飄

坎屬水故爲雨，巽屬木故爲風，坎若入巽定主先雨後風，如水風井幷風水渙卦是其類，餘亦當仿此。

△入坎雷霆震九霄

震屬木爲雷，坎屬水爲雨，震若入坎定主雷雨，如雷水解卦之水雷屯卦，此二卦正是也。

△震若歸艮雷卽住

震爲雷動也，艮者止也，震若歸艮雷聲卽止，如雷山小過之山雷復是也。

△坎離交變晴雨注

或內坎外離，或內離外坎，如水火旣濟、火水未濟，若此二卦動，主日出雨下。

△坤震往來雷電光

離爲火、震爲雷，若仙往來主雷電交光，如火雷噬嗑、雷火豐卦是也。

△外無坎兌龍深藏

內卦無坎卦、兌卦，龍深藏定無雨也。

△陰變一宮天雨澤

乾卦屬陽乃第一宮之卦，或變爲坤，坤益屬陰，故天必雨澤也。

△坤兌相須烟霧塞

坤卦屬土，兌卦屬金，故曰相須若遇此二卦，定主烟霧起，如地澤臨卦是也。
△更將鬼谷六爻看
鬼谷六爻見本門首可互觀之。
△遇動依爻仔細論
如風爻動，主風起，雷爻動主雷震，餘仿此。
△大凡水多終是雨
若卦爻多屬水，定主多雨。
△晴明定向火爻取
若卦爻多屬火定見晴明。
△若能熟此一篇詩，天機推測不難知
若能熟知活用此一詩，天地機德不難推測矣。
天玄賦
△難言地利之廣博，必假天時以發榮，若問陰晴，全憑水火
若占時雨，水火二爻乃一卦之主宰，若六爻無水必無雨，六爻無火不開晴，若見本爻動尅世，
驟雨忽然至，生世乃細雨。

△動靜生尅測天上之風雲，旺相休囚決人間之晴雨，三冲六位佇看掣電騰空

三冲者，三爻動尅初爻是也。

△四尅五爻，會見長虹貫日

四尅者，四爻動尅五爻是也。

△推究六神際會須知五屬忝詳

六神者青龍朱雀等神，五屬者金木水火土也。

△卦值六冲雲雖凝而復散

六冲者如八純之卦類是也。

△爻逢六合，雨未至而可期

凡遇陰陽相律便能六合，更看水爻有氣，雨雖未至可以預數。

△但逢雨順及風調自然民安而國泰

△卜筮元龜曰：世貞爲地并行乍應晦爲雨及爲天，天尅地兮天無雨，地尅天兮雨沛然。坎爲雨師巽爲龍，雲行雨施震之坎，坎離離坎互相支，乍晴乍雨猶反掌，坎入巽宮雨後風，艮之坤卦陰達曚，坤震往來雷電至，坤兌相資煙霧濃，青龍屬水定爲雨，若是天陰屬金土，入木之時雨便晴，寅助風聲須白虎，玄武本是陰滯神，雨時尤怕鬼爻臨，若逢壬癸定霈霈，亥子同途憂霖霪，純陽

旺相憂亢旱，人望雨期若爲斷，卦臨寅子合爲期，亥日丑時預推算，陽變爲陰雨未來，陰變爲陽雲忽開，應爻剋日雲便散，世從火出掃雲霾。離宮乃是晴之原，外無坎兌雲歸山，火爻剋世日還也，木世土身晴可言，辰戌丑未勾陳發，土能剋水晴甚說，風雲晴雨及陰晦，造化機緘先漏泄。

△洞林秘訣云：水爻爲雨火爲日，皆是小推時下沖，朱雀有氣火爻同，自沖玄武有水凶，遠論晴時離作日，坎卦無雨旺須疾，乾象青天兌象雲，坤艮平晴止雨畢，巽家爲風震象雲，支神六爻八卦出，細詳休旺分重輕，若不空亡斷無失，巽卦殺動風傷物，震卦殺動雷傷人，坎卦動時中雹子，卯辰巳午亦同申，動時前後分輕重，靜則休旺見知親。

△海底眼云：天象晴陰父母推，雨雲擊剝五行隨，子孫霞氣弁雲彩，冬水冰寒雪不移，財動乍晴陰不定，弟動風霧露霜持，鬼興霹靂神龍急，雷雹滂沱閃電飛。

又云：水動雨兮土動陰，木動生風火動靜，卦中無水必無雨，六爻無火不光明，坎兌滂沱坤艮陰，震巽風雷雨便晴，但向外宮看緊慢，乾離二象主晴明。

△吉安道人曰：凡人占卦問晴陰，水動雨兮火動晴，木動風生土動晦，金爻發動雨將成。

又云：財興雲雨鬼興雷，子動紅霞霽色開，父動乍晴還乍雨，兄興風露雪霜推。

△通考：初爻爲雲、二電、三風、四雷、五雨、六天，初動雲奔鐵騎，二動電掣金蛇，三動狂風折木，四動雷撼山川，五動大雨傾盆，六動必多雨水。

占晴以初爻爲雲、二爲露、三爻霞、四爻虹、五爻日月、六爲天，初動雲歸岩穴，二動露滴花梢，三動霞明錦綉，四動長虹駕梁，五動日張火傘，六動天浸水壺。

又說占晴雨，水爻動主晴，水火兼動乃雨順風調之象，水化火驟雨晴明，火化水晴天變雨，六爻無水火逢空，不晴不雨陰天氣。

附錄五　占天氣秘訣

占天氣時內卦爲上午，外卦爲下午，各單卦象如下：

☰ 乾：雲厚易成雨

☱ 兌：雨（冬季有霜雪）

☲ 離：晴（夏天熱，秋冬春暖和）

☳ 震：晴（夏天熱，有驟雨）

☴ 巽：風

☵ 坎：雨（冬季有霜雪）

☶ 艮：多雲

☷ 坤：多雲

◎占物價上漲秘訣

物價漲跌鑑定，看內卦爲前場、外卦爲後場，配合下面單卦象來判斷。

☰ 乾卦者漲很快，但快要跌價

☱ 兌卦，雖跌價但不至於跌至谷底

☲ 離卦漲高

☳ 震卦恐怕虛張聲勢，難漲價

☴ 巽卦者多變動

☵ 坎卦者跌價

☶ 艮卦者不漲不跌

☷ 坤卦者跌至最低價

◎占病秘訣

占病之要訣有三，一看卦象意，二看五行，三看爻之特點。

八卦斷病歌

更尋乾首並坤腹，坎耳震足及巽腸，艮手兌口兼離目，鬼在其中卽把傷。

△五行斷病歌

金：肺腑氣喘咳嗽。

木：四肢酸軟、肝膽氣痛。

水：腰痛體敗。

火：頭痛口渴，若朱雀鬼動者，狂言亂語，或陰症，陽寒病。

土：脾焦火、胃寒、唇白面紅、遍身虛浮、肚大脹風不飲食。

△用爻斷病

初爻爲五臟、二爻爲皮肉、三爻爲體骨腰及足、四爻爲肺心經肚腸、五爻爲脾、六爻爲頭部。

△八卦象綜合判斷

☰　乾卦爲頭、肺臟、顏面、腮、腫

☱　兌卦爲口、肺臟、呼吸器

☲ 離卦爲眼、心臟

☳ 震卦爲手、肝臟、神經系統

☴ 巽卦爲手足、肝臟、風邪

☵ 坎卦爲冷寒、毒氣、腎臟

☶ 艮卦爲腰部、脊椎、脾臟

☷ 坤卦爲腹、血液、脾臟

附錄六　天玄賦論身命

△混沌之初茫然未判，始因盤古立太極而分兩儀、爰及伏羲定陰陽而畫八卦、周室文王演易、魯邦孔子繫辭祭飛伏於八八六十四卦之中，定吉凶於三百八十四爻之內，包羅天地可知物外彙緣，道合乾坤何況人間禍福，凡占身命，先察用爻。

造化生物之初，先有人身而後有萬物，故首章先年身命論六十四卦吉者少，凶者多，凡占身命未可便將卦名妄斷部者高低，心須參究世爻動靜、興衰刑尅冲害及空亡等項，爻象取其端的方可決吉凶禍福，貧賤富貴愚伯子公侯於此定矣。

△刑尅害冲斷一生之得失

三刑六害六冲在卦爻之中可決定一生之得失。

△興衰動靜決三限之榮枯

興衰在于卦爻之中，吉凶係于動靜之際，三限榮枯固可逆知。

△遇財福則富貴榮華

妻財子孫青龍貴人等是爲福神，見於卦爻則富貴榮華，百事定矣。

△遇兄鬼則貧窮破敗

兄弟官鬼皆非吉神，兄弟發動爭訟求財，官鬼旺相主疾病官符破敗矣。

△世乃生平之本，應爲百歲之妻

人之一生貧賤富貴，皆以世爻爲主本，而其應乃妻之位也，旺相帶福神爲吉。

△相尅相沖決定終朝及目，相生相合必然偕老齊眉

世應二爻若得相生合，一生如魚水和同，若值相沖尅，百年似冰炭之不相投。

△財爻動則父母刑傷，兄弟興則妻宮重疊，若臨旁位稍減災殃

旁位者，謂雖在爻中而不發動，外可稍減。

△咸池凶殺臨身，出處必然微賤

咸池殺臨世爻幷及父母爻，出處必微賤。

△祿馬貴人持世，立身須主清高，卦值六沖半世求謀蹭蹬半世者，前卦六沖，三十年生涯冷淡。

後卦六沖，三十年後，漸覺蕭條。

△爻逢六合，一生動用和諧。

六合者，子與丑合之類。

△男帶合則俊秀聰明，喜見青龍財福，女帶合則僥浮淫佚，怕逢玄武咸池。遇進神則吉盛凶多，遇退神則吉衰凶減。

進神者，甲子、甲午、己卯、己酉，退神者，壬戌、壬辰、丁丑、丁未，凡遇進財福吉神則吉

，遇鬼殺凶神則凶，大批進神遇吉則吉盛，遇凶多退神遇吉則吉少，逢凶則凶衰減矣。

△玄武持世爲人慳吝奸雄，白虎扶身賦性剛强狠毒，此則一生之禍福，須言三限之榮枯初爻管五年，二爻管五年，三爻管五年，共十五年，後三爻亦管十五年，共三十年。支卦亦管三十年，却看爻上無阻，一年一位數至壽終也。

△內三爻管十五年，遇吉神則大人庇蔭，外三爻管十五載，遇凶神則小輩欺凌。要知發福發財，支卦內三爻爲主宰，若也斷死斷生，支卦內二象爲提綱，遇吉神則見險無危，遇凶神則逢屯卽死，後卦如無凶殺，前爻世也重尋，一年一位細推萬死萬生從此訣，莫將緊節亦比常占。

△卜筮元龜曰：占身得度及旺相（度者如正月卜得二月之卦是也），財與子爻有爲上，宮爻驛馬共扶身，龍德幷之貴無量，內外世應相生吉，相尅有凶無有榮，福德旣無何以吉，欲求萬事必難成，又論人情性云：內卦巽主心行毒，坎主心情長委曲，內震爲人心多憂，艮心安靜常優游，離明如日性剛烈，兌爲喜悅亦饒舌，賢人內卦見乾坤，父母慈愛心長存，內卦子孫爲福德，水天需卦爲法則，月卦化鬼煞臨陰，心多不善常懷（月卦化鬼者，坤艮宮正二月卦）。

△火珠林占憂疑云：若外卦無氣，幷得巽震卽無憂也。

△通考：人之生也，貧賤高低不齊，但將世爻爲主，若得天貴祿馬過立，又有吉神生法，無凶殺中尅，乃富貴祖墓清高格局。若與凶殺幷立，成被惡殺刑冲別無吉神救解，乃貧賤之規模無成

之格局。若逢世空最不爲美，當有大難，惟九流術世之人反爲吉兆，則空手拿財鬧地得錢，終無積聚。故世應二爻乃一卦之主，凡卜以世爲我應爲妻，若與青龍吉神世立其妻必賢，咸池玄武並立其婦必淫，世爻無氣受應尅，必然妻奪夫權。若應爻空亡妻宮有損。如應與世相生合，一生如魚似水，若逢相冲尅有年琴瑟之調，生合之處逢冲，開始諧合，其後被人搬弄。若應來尅世本不爲佳，却得動爻尅應，或日辰冲散或相合，須是不和得人解勸。若財爻持世，或動却無父母或落空亡，則難爲父母，少年必見刑傷，不然離祖過房重拜父母。

若兄弟持世或卦無妻或空亡，則妻宮幾娶。父母持世或動，爻無子孫，或空亡難爲子息，宜招假子，宮鬼持世或動，諸爻無兄弟或空亡，難爲兄弟。子孫持世財又有氣，一生衣祿豐盈利官近貴來年和合自主聰明。倘玄武白虎持世，爲人慈祥愷悌。朱雀持世爲人多口招非。勾陳持世，爲人行事穩重遲鈍。螣蛇持世，爲人挑變虛浮。

再論八卦恩人性情，乾坤爲父母，必主心慈無惡。震，動驚也常帶憂容。離，明麗也，賦盾剛强。坎水圓融，主多智巧。巽木柔弱，心有沈毒。艮體象山，身常安泰。兌乃悅豫自善言辭，能窮其蘊物無遺情。

附錄七　占疾病

孫臏斷疾病歌

△凡若有人占疾病，先從卦中尋本命

本命者如子生人，取子爻之類。

△仍看來占是何人

如子占父，夫占妻。

△尅者是何加世應

世爲問卜應爲病人，應尅世吉，世若尅應則凶。

△福德持世鬼暫退

子孫爲福德，若持世其病稍安，鬼亦漸退。

△爻旺之日又加進

子孫持世，但保眼下甦醒，若値鬼爻旺日則又主進。

△卦中無鬼病難醫

若値卦中無鬼，則天年盡矣。

△鬼旺財興難保合

若逢鬼旺財爻發動，主疾病連綿，十亡八九矣。

△鬼煞臨身五墓加

煞即喪門煞，墓即五墓煞。

△鬼神休禱藥無靈

諸凶併禁，鬼不必禱藥不必服也。

△一爲五臟二皮肉

一爻爲五臟，二爻爲皮肉。

△三爲體骨腰并足

三爻爲體骨，又爲腰與足。

△四肺心經五六頭

四爻爲肺爲心經，心經五爻六爻首。

△遊魂恍惚如神觸

若值遊魂卦，主病人恍惚如被神觸也。

△惟有歸魂漸向安

若值歸魂，不日安康。

△更尋乾首幷坤腹

乾爲首，坤爲腹。

△坎耳震足幷巽腸

坎爲耳，震爲足，巽爲腸。

△艮手兌口兼離目

艮爲首，兌爲口，離爲目。

△鬼在其中卽患傷

鬼在首則頭痛，鬼在腹則主心腹疼痛之類是。

△時醫仔細推病宿

時師謂卜筮者當詳推而至於極處。

△木主酸痛火主瘡

若木鬼主酸痛，火鬼主瘡癤。

△水土虛黃幷腫毒

若水鬼土鬼主虛黃腫毒之疾。

△切須仔細與推詳

言不可忽略也。

△外尅內兮應尅世

外尅內如垢卦之類，並尅世如八純艮之類。

△有藥頻頻泄吐傷

外尅內，應亦尅世，斷不純藥。

△內尅外兮世尅應

內尅外如小畜之類，世尅應如遁卦之類是也。

△無鬼多多嘔吐傷

內尅外，世尅應，雖然無鬼主病者多嘔吐之傷。

△更看五鬼配五臟

心屬火、肝屬木、腎屬水、肺屬金、脾屬土，此五臟所屬更看鬼何屬，若屬火心家不寧。屬木，肝家有疾，餘倣此。

△的是病源有短長

以五鬼配五臟，則知病源有短長也。

△問病切須分六親

六親卽父母、兄弟、妻財之類，欲占其病，看其上卦不上卦。

△吉凶須要討分明

若占六親病最要，卦中有此爻及不落空亡，身有氣節無氣凶，更是男怕臨官日，女怕沐浴日，老怕旺日，少怕衰日。其法就世上起，如果屬金從巳上起長生，遇所忌之日則宜防。

△父母空亡防父母，財爻無氣損妻身，子孫化鬼須遭死，兄弟煞臨定不貞

煞，大煞、白虎煞也。

△明夷、蠱、剝、夬、豐、同六卦，那須占病逢

此六卦占病，逢之十分人九死。

△財鬼二爻俱發動

如解二爻發動是也。

△喪門弔客鬧匆匆，交重白虎臨身惡，雖在他煞亦不中

若白虎在他爻動亦主凶也。

△鬼煞并交應發動

煞卽浴盆煞也，鬼谷例云浴盆在辰未戌丑墓哭聲應頭有爻休爻庚上難甦豹尾不同，還有咎其法正月如辰、二月未、三月戌、四月丑，只此四位行十二月，值與鬼併大煞二爻動，占病若逢此

煞動必主死亡也。

△螣蛇入庫的身終

若的蛇入辰戌丑未四爻者必主死也。

△卦變墓鄉須喪命

若變卦身在墓鄉主喪命。

△不然亦主困蒙蒙

若身入墓不死，亦主病連綿也。

△乾坎震巽爲生魂

此四卦乃爲生魂。

△在外不死內難存

若上四卦在外定生，在內定死也。

△離坤艮兌入爲鬼

此四卦乃爲鬼。

△在內定生在外死

上四卦在內主生，在外定主死也。

△勾陳爻動卽開坟

勾陳屬土若動，主卽時用開坟墓。

△乾兌須臾爲孝子

若得乾兌二卦，主卽時用爲孝子。

△孫臏此訣須難知，惟在善推而已矣。

△天玄賦曰：養生非道終有疾病存焉，請禱能占便見死生訣矣，當憂堂上之親，察及妻財災慮閨中之婦，決輕重存亡之兆專察鬼爻

鬼爻旺日沉重，庫月困連，絕日輕可，鬼化鬼其病進退或有變證，或舊病發，或證候駁，官鬼持世病難保。

△定金木水火土之鄉可分證候

若金鬼肺腑或咳之病。木鬼四肢不利、肝膽瘋氣左癱右瘓、口眼喎斜。火鬼頭痛腦熱三焦口渴，加朱雀狂言譫語，陽證傷寒。水鬼沉寒痼冷、遺精白濁、腰腎、淋瀝瀉嘔逆。土鬼乃脾胃發、黃腫虛浮之病。

△青龍得位終見安康

青龍臨子孫尅世臨應病卽瘉。

△白虎身傷必成凶咎

白虎若傷身世應身位用爻，其病難療必死也。

△月解交重災漸退，天醫發動病回生

月觸天醫見兩卷鬼谷爻例。

△明夷觀賁需臨切忌身入墓

世身隨鬼入墓，如明夷、觀、賁、需、臨，其病不痊也。

△大畜、豐、同、蠱、夬莫逢財鬼俱興

此五卦財爻發動，死之證也。

△男怕長生兼怕未來之節

男子長生日得病，遇節前數日必重。

△女嫌沐浴，最嫌過去之辰

女人最忌鬼爻沐浴日，節後病必重。

△不宜邱墓同宮

邱墓者，三邱五墓煞是也。

△安可雷風合卦

震爲棺、巽爲椁，不可俱全。

△論染災之表裏，須言得病之因由，六獸臨官當分內外

六獸青龍朱雀等神謂之六獸，臨官鬼內外爻。

△八宮値鬼宜別陰陽

八卦之內鬼値何爻，當分別是陰是陽。

△外尅飛爻藥奏通神之效

世爲病人，應及外卦爲醫藥，藥如尅病病卽癒。

△子臨應位醫逢濟世之才

子孫居於應爻，必逢醫國不龜之。

△必須參究五行，方可攻醫萬病

火鬼宜涼劑、水鬼宜溫劑、金鬼宜炎、土鬼宜剉散藥、木鬼宜鍼。

△卦爻安靜重爲濟世之人，煞俱興定作黃泉之客

土煞卽辰戌丑未，是交相換易。

△生死禀脩於前，定壽夭各盡於天年

△卜筮元龜云：占病先看宅衰旺，次看六神吉凶象，看其本屬爻有無諸煞動臨身世上。

△占疾病症候：凡是鬼爻持世身，亦聞人語便生嗔，眼目慌忙不能視，狂言亂語失精神，飲食何能加進啜，四墓持世同上說，酉爻爲鬼眼遭爻，其字兩丁穿木穴，上爻腫脹氣還虛，金爻持世傷骨節，木爻爲鬼體休疼，腦悶氣來心欲結，卦象鬼爻入墓裡，兼帶休囚幷殺氣，本宮白虎入墓凶，子不動兮難救矣。

△占病在何處云：鬼在初爻兩足傷，二爻雙腿患非常，三爻腰背常輕輭，四爻心腹及肚腸，五爻腎臟多氣脹，六爻頭上患爲殃，鬼在乾頭坤在腹，坎須患耳離傷目，兌口須憂艮手間，震足猶防巽患腸，木爻爲鬼體疼痛，水上持之必癰腫，尅象若言是金鬼，以推類之牙骨疼。

△占疾病卦例云：內戒病云傷五臟（一世內戒），外戒傷害病皮膚（二世外戒），體骨因羸消瘦盡（三世），棺槨心驚多恐忌（四世），血脈瘡痍有無慮（五世），遊魂恍惚不安居（四世），歸魂精魄暗扶身（五世），氣息沈沈心懶語。

△占何處得病云：鬼爻在初堂內病，三爻與二在門庭，四五之爻居道路，或逢風雨損心驚，鬼爻入坎河海疾，喪門臨象死喪臨，福德象來因酒食，本宮五鬼象喧嘩。

△占疾病凶卦云：豐、觀、需、剝、節、旅、賁、明夷、蠱、夬及同人，不問同時及生旺，十死分明不漫陳。

△洞林秘訣云：鬼煞刑尅主災疾，遊魂入墓死亡推，若占親人爻要有，若還有無主傾危，虎刑一

煞深爲愳，其餘別惡儘堪禳，鬼爻持世須求鬼，若逢服藥進災殃，卦有子孫鬼不犯，須便服藥得安康、我若尅他先嘔逆，他還尅我瀉爲傷，忌食鬼爻生骨肉，子孫能解却無妨。

△火珠林云：疾病財爻鬼莫連，二爻俱發命危難，同人豐夬成凶對，蠱剝明夷是死緣，煞共鬼身入三墓，人將魂魄入黃泉，藥爻在世難醫療，虎動占身病未痊，卦變墓鄉幷絕命，臥於床席病綿綿。

占病何日痊云：占病問於何日瘥，又須旺相子扶身，龍蛇動處當痊利，狼虎過庶是重辰，重象不妨身帶困，交當必恐氣離身，己身自病何時瘥，福德來臨愈必眞。

△海底眼云：凡人問病要知因，安靜先尋世下神，次看鬼爻藏伏處，更將爻動察其眞，用是病人宜有氣，福德醫師體貼身，子孫發動誤服藥，卦宮旺相病逡巡，六位無財食不納，兄弟交重氣積累，鬼多不一原會病，用發休囚損病人。問寔先問卜何人，父母逢之父母陳，官鬼臨之愁旺相，子孫尅世藥無靈，財爲祿命忌飛尅，印綬交重病困危，大忌世官乘月德，又嫌墓發尅其身，鬼在內兮當夜重，官在外兮夜必輕，內外有鬼人皆困，不然舊病再來侵，代占最怕應持身，官墓持身命更傾。

△人占症候云：候病金同木四肢感寒疾喘氣尫羸，辰戌胃胸生嘔逆，丑運肚腹未傷脾，火動熱極三焦火，血心眼目有瘡痍，水土發寒因冷得，泄瀉虛勞耳腎衰。

△李淳風云：子孫興旺縱甚不必醫師，刑殺交加雖可尤防後患，本宮有氣儘吉染病厄，妨外鬼來刑建似虎狼須倒，又云坎巽兼腰痛多爲瘡腫，乾頭連足眼，坤腹面痿黃，兌口連喉舌、應看骨節傷，巽爲風脚手疾病不離床，離主眼睛疾，渾身熱似湯，艮刑看四體，震鼻及胸膛。又云：欲識乍寒乍熱水火相尅皆然，或是水鬼變作火鬼皆能肚熱增寒，要知骨節疼痛木變金尅卦身，或者土動則頭眼暈，木變則胸悶心煩，離遭亥水嘔吐無禁，坎有戊寅穀道不和。

△經驗云：總論家人占病云

子占親疾病幾痊，鬼要興隆父要安，兄動纏綿難脫體，子興財發入黃泉。父占子孫病云，子病親來問卦因，兄興子動死還生，鬼搖父動終難保，財動纏綿病轉添。

夫占妻病云：夫問其妻疾病生，財明子動便安然，鬼爻發動如沉重，父發兄搖定斷弦。

妻占夫病云：妻占夫病未安寧，鬼靜財興可放心，兄子交重恩義絕，父搖難癒疾沉沉。

占兄弟病云：兄弟來占疾病纏，父興兄靜疾回生，鬼搖財動黃泉客，子動留連數日綿。

占奴婢病云：奴婢淹延疾病纏，鬼搖疾病更連綿，財安子發無他事，父動兄興不再生。

△發明：十二位搜神訣

長生鬼出所，祀香火將軍五道神遊，小兒設前生父母五路童子病易好。

沐浴鬼出壇廟土地木下神溪河宅煞，小兒設前生河童子傷遊奔神。

冠帶鬼出破道舊愿病留連，男輕女重，家有暴死人，不然有產難女人上堂出師小兒設五道五鬼六害化婆神。帝旺出旺鬼將軍泰山五道半天午酉單設家先隨鬼出土，且如木鬼犯東方王也。衰與旺同日味交加，家神旺病易好，衰難好，小兒病犯灶君用設沉阿化焦僚。化焦僚化前生父母。

病鬼南方石碓神及客亡鬼用，設房煞家先小兒病用，設五路童子傷重，即前生父母化財童郎。

死墓鬼用，設出家鬼所祀神小兒出房煞化公婆。

胎絕鬼出父母幷佛道及用祭家神旺木鬼下暗死人上堂求食，蛇入宅如女人客亡爲禍。

養鬼半天午酉神，及有少亡爲禍，宅煞用謝吉。

△通考：卦占論五行鬼云：木爲山林幷自吊，水是河溺波人、土是瘟癀時疫鬼、金是刀兵殺傷神、六爻死絕無人祀、二家無官草藥神、官在坎中兄弟鬼、土居乾位死爺，依此推之。子離爲女，依此推之定得矣。

附錄八　占生產

陳希夷論產歌

△兄弟交重帶殺來
殺卽暗金殺也，鬼谷例云：正月巳、二月酉、三月丑，此三位輪十二月，子此土產亡。
△須衰產婦有衰災煞臨父母交重惡
煞卽陰殺也，鬼谷例云：正七月寅、二八月辰、三九月午、四十月申、五十一月或六十二月子，此殺若臨父母動，產婦有驚。
△子禍那能得出胎
若殺臨子孫爻，則子受禍豈能得出胎也。
△父母兄弟果然動
占產最忌殺動，若父母兄弟帶殺動，其凶可知也。
△亦憂驚恐見悲哀，耳頭口目先生出
坎爲耳、乾爲首、兌爲口、坤爲目，若此四卦在內定吉也。
△却得黃金積一堆
若値坎乾兌坤四卦在內，更主生貴子受皇恩食天祿。

△內卦子孫兼動者
如垢卦子孫三爻動之類。其他可知。
△是陽男子莫疑猜
若值內卦子孫爻是陽爻發動，定是男子無疑也。
△鬼臨產母有憂驚
若鬼在初爻動，主產母有憂驚也。
△鬼臨腹中兒不眞
若鬼在二爻動，主腹中子損壞也。
△鬼臨看生生辛苦
若鬼在三爻動，主生婆不用力，生辛苦也。
△鬼臨夫主損夫身
若鬼在四爻見動，主損其夫身也。
△兒臨化婆兒易養
若鬼在五爻動，弟兄化婆錢財，主兒子易生易養也。
△鬼臨父母損雙親

若鬼在六爻動，主損在堂上雙親也。

△欲定日子須看世

欲定生子之日，須看世爻也。

△世值胎養亦生日

從世上起長生，若值胎養日或能生也。

△坎乾爻動乃誕辰

若坎宮、乾宮爻動，以動爻起長生，遇三合日定生也。

△天喜方定有子喜

淳風論曰大畜卦雖無子孫占產方定有子喜也，若筮者占產值財卦未可便以無子孫斷之。

△卦無父母無子凶

卦無父母無子孫一凶。

△縱有無氣亦不吉

如若有父母、子孫無氣亦不吉。

△世合子孫主生兒

若世合子孫，他日定見生兒。

△日上定之無一失

能以上法推之，生子日定無一失也。

△父母持世寧好

若父母爻持世，縱得兒那能好也。

△子孫持世皆云了

雖有子孫持世，則子息事當了也。

△日辰無殺始相依

煞卽天寡殺。鬼谷詩云：天寡臨，仔細看卯酉午子四時安，若占婚三合不利他時，男女主孤寒，若日辰得上卦而此煞不臨，主夫妻百歲相依。

△子若無位亦有尅

若子孫不主卦，縱有子息亦相尅也。

△陽爻五位婿無兒

若值五世卦屬陽爻，則是丈夫孤單，縱有年少之妻亦無子息。

△五世逢陰枉娶妻

五世卦若屬陰爻，則是妻子孤獨，縱有美麗之夫，亦終無子嗣。

△遊魂八純生子失

若遇遊魂八純卦主生子，必屢有失耳。

△更之無鬼死無疑

若更之得子孫化爲鬼，縱鬼得生，不久亦死也。

△君能熟讀此篇詩，他時視此皆筌蹄

熟得諸心則應諸口，視此如取魚免之筌蹄矣。

天玄賦

△旣已論其婚姻，次合占其產育，子孫旺相若臨陽象，定生男

子孫之爻若臨陽爻，其生也必男子矣。

△福德休囚，更値陰爻，當是女

若子孫爻休囚，而値陰象，必主生女。

△陰包陽，則桂庭添秀。陽包陰，則桃洞得仙

若子孫爻屬陽，初爻、六爻屬陰，此陰包陽也，必生男子。若子孫爻屬陰，初爻、六爻屬陽，此陽包陰必生女孩。

△發動青龍，當見臨盆有慶

青龍爲世育之神，最宜旺相，當權發動必生貴子。

△交重白虎，乃知坐草無虞

世之占者皆以白虎爲凶神，不知各有所用。白虎爲血神，凡胎不免見血，若得輔子庚申辛酉爻上產便快，或當日便生。暴虎爲災胎爲催生產快也。

△定吉凶於內一卦之中，乾離坎兌則易產

乾爲首、離爲目、坎爲耳、兌爲口，此四卦在內象則易產，言其面目耳口先出，所產者爲易艱難。

△決禍福於外三爻之下，坤艮震巽則難生

坤爲腹、艮爲手、震爲足、巽爲股，此四卦若是在內象，必是難逢旺愈難有解救，半吉。

△兄弟空則妻位無傷，父母興則子宮有損

尅妻乃兄弟也，兄弟空其妻無傷。子孫所受制者父母，若父母獨發，其子孫必不能全矣。

△若加凶殺，立見刑傷

以上兄弟父母帶言神發動雖凶弗咎，若加凶煞則愈凶，立見刑傷。

△天喜若值騰蛇，定葉麒麟之慶

螣蛇者，乃虛幻之神，雖屬陰幽，然天喜臨之必葉男子之祥。

△咸池倘臨玄武，必生汙血之駒

咸池、玄武皆淫佚之神，若二神相會合，必生汙血之駒。汙血者，得妄所生之子。

△六爻最怕空亡，諸卦皆嫌鬼值，鬼臨初位必然產母常災，入二爻，當見胞胎不穩。空亡則墮胎虛喜，帶煞則臨產艱難

六爻之中俱不宜空，尤怕官鬼臨之，倘初爻逢鬼，產母不時災。病鬼在二爻則其胎必不穩，此爻空亡主損胎，乃逢虛喜也，更加內煞必難生也。

△若逢鬼值空亡，始得福生萬彙

五爻者，化婆也。無相干故護吉。

△卜筮元龜云：內胎必有婦懷胎

內胎者，取八節氣假令立春後四十五日以艮爲旺、震爲相、巽爲胎、離爲沒、坤爲凶、兌爲休、乾爲囚、坎爲廢，故立春內卦見巽爲胎、春分離、立夏坤、夏至兌、立秋乾、秋分坎、立冬艮、冬至震，皆取在內象。

△欲知胎息，上身曰八卦，生爻細尋覓

胎息者，乃甲子水化戊寅木，取水生木之義，若乾化爲坎也，餘倣此。

△洞林秘訣云：乾兌坎離如在內，皆爲易養順生兒，更無煞動來刑尅，須遇無關長壽兒，震巽坤艮內逆推，臨當分娩迍遲遲，諸煞併來害身命，若逢轉殺又無危，陽爻變陰生女子，陰動變陽育男兒，靜時若廢須生女，旺相生男定有期，胎爻受破胎不成，無破生旺沐浴誕。

△火珠林云：無父母無子孫，假令若有供無氣亦凶，又以陰爲女陽爲男，但與世爻併子孫合處是生月也。

△海底眼云：生產未知臨幾許，日月長生子當乳，兄爻旺動母難生，子孫受尅兒災苦，飛去尅伏子不收，陽卦男兮陰卦女，兩爻旺相喜神扶，必是雙胎天賜與。

△經驗云：凡人占卦問六甲，子怕休囚父怕發，財爲產母怕兄興，男女陰陽衰旺察。

△又云：六爻安靜青龍喜，福德相扶世應佳，不落空亡最爲妙，本宮受氣免迍災，子孫爻上防惡煞，財爲產母忌凶神，內爻應世相生吉，相尅相刑防產難，子孫外動憂驚遑，兄弟爻前嫌凶煞，忌刑煞臨五世爻，煞臨父母有虛驚，動爻尅世也不吉，刑尅妻爻妻受災，若尅子爻難見子，子孫旺相陽是男，無氣休囚陰是女，應若尅世母產死，世如尅應子先亡，無子先將鬼位推，若無妻財父母命，二爻有氣皆無恙，但恐將來是女兒，青龍入木應信至，龍入火爻得橫財，入鬼用保須防哭，若水火上貴男兒，內象乾坎兌離者，各爲頭目耳身也，此卦在內易見子，若在外卦難見兒，外而生內難分娩，內卦胎沒人有子，外卦胎沒須抱兒，子化空亡及化兒，生兒不久便

悲啼，子象休囚須多病，福宮有氣少災連，正月蒙卦飛廉煞，至如子孫是子亡，六四遇乾自歸魂，兄弟刑財妻必亡，乾坎艮震爲陽卦，此爻在內是男兒，巽離坤兌爲陰矣，四卦在內必是女。

△又云：內見陽爻生得易，內見艮震巽難生，俱遇陽爻爲男子，全陰女子命延長，世應大煞臨母位，子不可保主心煩，鬼臨產母爻難產，鬼入腹爻母無氣，鬼臨看生生辛苦，如臨化母喜雙全，鬼臨沐浴須帶疾，若臨父母轉家難，陰陽內外相生吉，內剋外逆災，外剋內順吉。

△又云：子孫是陽，男子。是陰，女子也。世應和順子母無虧，應爻剋母難保相隨，母爻剋子難保子，亦忌空亡。木入乾兌宮傷本命，更犯空亡可斷其人死矣。火入坎宮傷本命或犯空亡亦斷其人死也。土入震宮傷本命，更犯空亡可斷其人死也。金入離宮傷本命，或犯空亡可斷其人死也。水入艮坤傷本命，更値空亡豈可言其人不死哉。

△發明：占產妻財乃用神，逢吉則產母平安，逢空化鬼必有災厄。兄弟本剋財之神，帶煞發動，則女有產厄之憂，若逢剋散得母虞，墓絕一同推究。凡財爻屬金生男性慢，若多問占生女必難產。火財生子眼露性急髮黃稀少。木財生子修長俊秀。生女脚大眉清秀。水財生子秀氣伶俐，女工巧聲清。土財生子純厚肥壯聲濁。

子孫乃占產之綱領，須卦中不可無，無則成咎，大忌空亡帶煞化鬼，終爲難養。帶羊刃刼煞，離腹卽死。若逢父母帶煞動來相傷，子孫必損，得救稍輕終爲疾病之貌。若逢梟神發動，必有乳縱有亦不多。

△通考：凡一卦之中，六爻不宜鬼臨。若子爻有鬼，產母腰間常痛，不時嘔吐。寅爻有鬼，頭疼氣逆。卯鬼胸膈不調肩酸脚痛。巳鬼眼目用鈍，時發向熱唇焦口渴。午鬼心主痰火，大便不通。申鬼喘咳氣急百節疼痛倦怠無力。酉鬼乃血氣不調或漏胎。亥鬼鼻涕沿流小便不利或泄瀉。辰戌丑未鬼，腹痛脾胃不調。輕重當從衰旺斷也。

附錄九　專論產育及胎兒性別

△首出渾沌判乾坤而生人物，繼與太昊制嫁娶以合夫妻，迄今數千百年化生不絕，雖至幾億萬世絡繹無窮，蓋得陰陽交感方能胎孕相生，先看子孫便知男女，陽爲男子掌中探見一枝新，陰是女兒門右喜看弧帨設

子孫爲占產用神，旺相單重爲陽爻是男，休囚交拆爲陰爻是女也。

△主星生旺當生俊秀之肥兒，命曜休囚必產萎靡之弱子

子孫生旺，子必肥大，異日主俊秀不凡。休囚無氣，子必弱小，異日主萎靡不振。

△如無福德，莫究胎爻

用神不出現，查伏於何爻之下，當以伏神吉凶斷之。

△雙胎雙福必雙生，一尅一刑終一夢

卦有兩重子孫爻又有兩重胎爻總不發動亦主雙生，若子化子又見胎化胎者，如化退神主雙胎，陰陽動靜可定男女，一動一靜一陰一陽主一男一女類，卦無子若胎爻又被月建日辰動爻刑尅，大凶之兆，一場春夢，言其子必亡，子孫衰弱受尅者也是一樣。

△胎臨官鬼，懷姙便有採薪憂，財化子孫，分娩卽當勿藥喜

鬼臨胎爻主孕婦有疾，或財化福爻，則分娩安泰。

△妻財一位喜見扶持，胎福二爻怕逢傷害

夫占妻財爲產母，胎爲胞胎，福爲兒女，三者皆喜月建日辰動爻生扶合助，則產母安胎胞穩子易養，若見刑冲尅害產母多災，胞胎不安生子難養，如化入死墓空絕亦然。

△虎作血神值子交重胎已破

白虎爲血神，若臨子孫或臨胎爻發動，其胎已破，臨財動亦然。

△妻臨玄武入陰宮，果應夢蘭之兆

巽離坤兌四空屬陰，如財子二爻皆居此象，必生女，如財臨玄武或與玄武應爻旁爻作合，是野合得孕。

△陽福會青龍，無異桂庭之秀子，陰孫非月建，何殊桃洞之仙姬

子孫臨月建青龍或月建帶靑龍生合子孫者，必是男，喜後主俊秀聰明。如子孫爻不是月建日辰，又無月建日辰生之，臨陰象陰爻者必是女。

△胎孕章

占產先須看子孫，子孫旺相吉堪論，母宮無殺爲祥兆，子上加龍是善根，易產好占離與兌，難

生休卜艮和坤，坎乾龍動身無慮，震兌勾陳命不存，父母莫教臨白虎，若臨其上必亡魂，騰蛇持世憂陰殺，玄武臨身忌浴盆，最忌土爻埋本位，更嫌刑殺尅兒孫，子孫發動忌空亡，白虎勾陳並不祥，子變爲官胎裡死，官爻爲子產而亡，母重子動俱難保，母靜子安皆吉祥，子母兩爻都旺相，有龍有喜便安康，陰宮陽現奇男子，陽變陰爻好女娘，子與母爻雖變動，青龍持世亦無妨，子孫重見龍交喜，決定齊生子一雙，欲知孩兒分娩日，胎神衝破子生方。

△懷胎的占法和胎兒性別的判斷，往往會卜得包卦，所謂包卦就是在乾或坤的裡頭，還包含了一個其他的七卦之一，如坤中包含了乾的咸、恒。

澤山咸 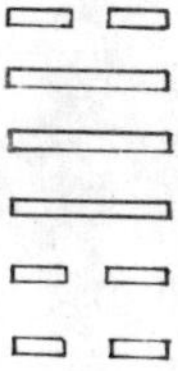 坤包了乾

雷風恒 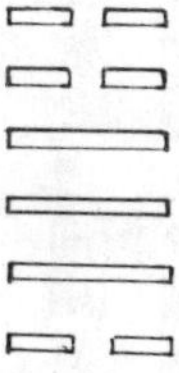 坤包了乾

坤中包含了蹇、解。還有乾中含了坤的損、益。坎中包含了睽、家人等。以上的澤山咸、雷風恒、水山蹇、雷水解、山澤損、風雷益、火澤睽、風火家人，這八卦就是眞的包卦。又坤中包含了其他卦的小過、升、謙、師、萃、豫，比及乾中包含了其他卦的大有、小畜、履、大畜、中孚

、同人无妄，也當做包卦的相似體來看。

如占卜是否姙娠時，而得到包卦，表示此人已懷孕，由從乾、坤中所包含的八卦，來判斷胎兒的性別。如卜得包含有離的恒，可判斷腹中胎兒是女。若坤中包含有坎的地水師卦，則可判斷胎兒爲男嬰。

如果不依包卦而用其他的卦象判斷胎兒的性別時，則可察看爻的定位。這種占法以本卦爲主，而本卦的初爻，若陽居於陽位，則胎兒是男嬰，若是陰居於陰位，則胎兒是女嬰。若爻不在定位時，本卦、變卦的陽爻很多，則可判斷爲男嬰，若陰爻很多，則可判斷爲女嬰。這是較普通的判斷方法，但是也不能一概而論，應該配合卦的意象來推斷，較爲準確。

△雙胞胎的判斷——無論本卦或變卦，若得到重坎或重離，則可判斷爲雙胞胎，若有兩個動爻，而這兩動爻在本卦有定位，亦可判斷懷有雙胞胎。

△難產的卦——如從卦的象意來判斷生產的難易，若內卦、外卦、本卦與變卦中的任何一卦，出現「坎」卦，則有難產的現象。

△子化子可能雙生，子動化子孫或卦中子孫多動，或已有旺相之子孫動者，他爻又變出旺相之子孫，皆主雙胞胎。

卜筮元龜云：子孫兩旺定是雙胎。覺子曰：兩動兩旺者此斷是也，內有一衰者一死一生，一陰一陽者一女一男，兩現一不動者非也。

陽變陰，男女可辨。六爻靜先看卦包，陰包陽生男，陽包陰生女，陰包陽坎卦、大過、小過、咸、恒卦是也。陽包陰，離卦、中孚、頤、損卦是也，其餘非也。六爻既靜若無卦包須看子孫，値陽爲男，値陰爲女。卦有動爻者，雖有子包而不，用神兆機子動先看動爻：一爻動者，陽動爲女、陰動爲男。兩爻動者看上爻。若有三爻發動看中爻，卦中多動者，來者心不誠，改日再占，馬上又占則不驗。

△先取子孫變動之爻斷之，變爻屬陽爲男，陰爲女。變卦爲陽生男，陰生女。如卦有兩子旺動，一變陽宮陽爻，一變陰宮陰爻，則斷爲雙生，一男一女。內陽外陰，先兄後妹，內陰外陽，先姊後弟。如變爲二陽，則兩男，二陰則兩女。如子孫安靜者，則取大象陰陽相包者斷之，如天澤履卦，乃陽包陰生女也。雷地豫卦乃陰包陽，生男也。如陰陽不相包者，後取子孫爻斷之，陽則男，陰則女。若卦又無子孫者，則取伏卦子孫之陰陽斷之。如伏卦又無子孫者，方取互卦大象之子孫，依陰陽而斷其男女。若互卦大象又不見子孫，此孕必爲虛喜也。卦得八純旺相，及胎爻兩見而有氣者，俱雙生也。

作者簡介及服務項目

編著者簡介

△鄭景峯（福慧耕）

△國立政治大學西洋語文系畢業

△歷任國中英文教員、報社雜誌社英文翻譯

△現任某高職英文教師

大學士命相館館主、業餘服務

鳳山市中興街六十九號

△中國星相學會會員・中國易經學會會員

中國堪輿學會會員・易經紀念館創始人

中國超心理學學會會員

中國第一人「八卜卦算命法」

第一人將手卦繪圖發揚出來

命相館位置圖

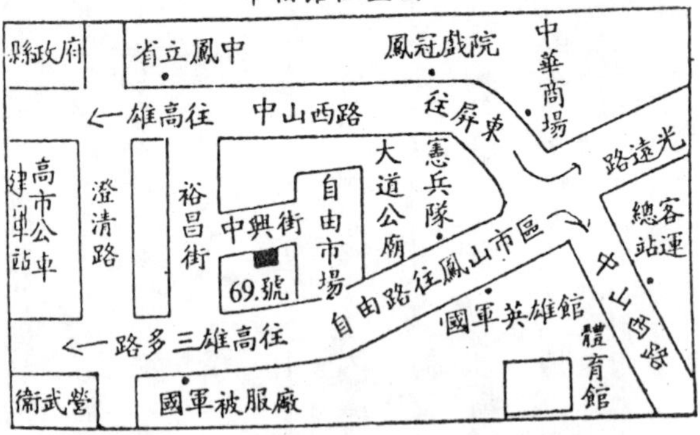

米卦・金錢卦

作　　者　鄭景峰
發 行 人　林聰富
出 版 者　武陵出版有限公司
社　　址　台北市新生南路３段１９巷１９號
電　　話　3638329・3630730
郵撥帳號　0105063-5 <FAX>3621183
法律顧問　王昧爽律師
地　　址　台北市羅斯福路２段１號１１樓
電　　話　3960762・3960782
印 刷 者　上英印刷股份有限公司
裝 訂 者　忠信裝訂廠
登 記 證　局版臺業字第1128號
初　　版　一九八四年四月
六　　版　一九九〇年十月

定價120元